見直そう！再審のルール

この国が冤罪と向き合うために

［編著］
安部祥太
鴨志田祐美
李 怡修

現代人文社

はしがき

ある日突然、身に覚えのない罪の犯人だと言われ、警察に連行され、来る日も来る日も小さな部屋で長時間にわたり、取調べの警察官に「本当のことを話せ」と問い詰められる。「本当にやっていないんです」といくら訴えても信じてもらえない。

身も心も疲れ果て、ボロボロになって「もう勘弁してください」と泣くと、「そうか、やっと被害者に謝る気持ちになったか」と言われ、自白したことにされる。

それでも裁判官はきっとわかってくれるに違いない、と一縷の望みを抱きつつ、法廷の真ん中に立ったのに、裁判長は、誰も殺していない自分に「被告人を死刑に処する」という判決を言い渡す。控訴しても、上告しても認められず、死刑囚として拘置所に幽閉され、毎朝死刑執行の恐怖に怯えながら、40年以上もの年月を過ごす――。

どこか遠い別の国の話でも、ドラマのような架空の物語でもありません。現実の、日本で起こった話です。1966年に静岡で一家４人が殺害された「袴田事件」で、事件から57年後の2023年３月13日、東京高裁は死刑囚の袴田巖さんに裁判のやり直し＝「再審」を認める決定をしました。無実を叫びながら、日々死刑の恐怖に晒され、心を破壊された袴田さんのために、これからようやくやり直しの裁判（再審公判）が開かれるのです。

袴田さんには、前科もなく、味噌工場で真面目に働いていました。しかし、その会社の専務一家が殺害されたとき、袴田さんは「元ボクサー」というだけで犯人と疑われました。そして、証拠が乏しい中、警察は袴田さんを取調室に閉じ込め、連日平均12時間以上取り調べて自白させました。それだけではありません。警察は、袴田さんを「犯人」に仕立て上げるための証拠を、自らねつ造していたのです。

その証拠――事件から１年２カ月も経って味噌工場のタンクの中から発見された血染めの衣類＝「５点の衣類」――は、犯行直後に袴田さんが味噌タンクに隠した犯行着衣であると認定され、死刑判決の最重要証拠となりました。２度目の再審請求で、事件から40年以上も経ってようやく捜査機関が開示した証拠によって、2014年に静岡地方裁判所は「５点の衣類は捜査機関によって捏造された」と判断し、再審を認めて袴田さんを釈放しました。

しかし、この決定に検察官が不服を申し立て、一度は東京高裁で再審開始が取り消されたこともありました。９年にわたる紆余曲折を経て、ようやく今年(2023年)になって再審開始が確定したのです。

冤罪は、被害者の人生を根こそぎ奪う究極の人権侵害であり、その加害者は刑事司法、すなわち国家権力です。じつは、袴田事件のほかにも、誤判によって人生を狂わされ、救済までに気の遠くなるような時間を要している冤罪事件はたくさんあります。2023年６月５日、鹿児島の再審事件である大崎事件第四次再審で、即時抗告審の福岡高裁宮崎支部は再審を認めない決定をしました。この事件では過去に３度も再審開始が認められながら、そのたびに検察官が不服を申し立て、上級審で再審開始が取り消されたため、今もなお、やり直しの裁判に行きつくことができずにいます。逮捕時から44年間、一貫して無実を訴え続けている元被告人の原口アヤ子さんは、96歳になりました。

また、冤罪が起きるのは殺人や放火などの重大犯罪だけではありません。周防正行監督が映画『それでもボクはやってない』で描いた、いわゆる「痴漢冤罪」は、満員電車に乗っていれば誰もが巻き込まれる可能性のある冤罪です。万引きや道路交通法違反といった軽微な犯罪や、選挙違反などでも、無実の人が裁判所によって有罪とされるケースが少なからず生じています。

本書ではまず、そもそもどうしてこのような冤罪が生まれるのか、その原因に迫り、次に、ひとたび間違って有罪判決を受けると、そこから救済されるのに何十年もかかってしまう、いまの日本の再審制度の問題点を、わかりやすく解説します。そして、日本の法制度に倣って刑事司法制度を構築した隣国である台湾と韓国の、再審をめぐる改革の動きを紹介します。日本の再審制度は機能不全に陥っており、「再審法(刑事訴訟法の再審に関するルール)」の改正が必要であることを知っていただくためです。

警察がねつ造した証拠によって無実の人が死刑になっていたかもしれないという恐怖を、その圧倒的な理不尽を、読者の皆さんに少しでも身近なものとして感じてほしい。そして法改正に向けて声を上げていただきたい。その思いとともに、この本を世に送り出します。

2023年7月5日

編者代表　鴨志田祐美

CONTENTS

巻末付録

【凡例】

- ［→●頁］は、「本書の●頁以下を参照」を意味します。
- 判例は、たとえば、「最高裁判所令和5年7月31日判決」の場合、「最判令5・7・31」と記しました。
- 刑事訴訟法は刑訴法、刑事訴訟規則は刑訴規則と略しました。
- 記年については、原則として西暦を用いました。
- Part1からPart3には、Topic、Further Lesson、Columnが挿入されています。「Topic」は、本文中で登場した語句や概念を補足・追加説明するコーナーです。「Further Lesson」は、Topicよりも踏み込んで、専門的・発展的な議論を紹介するコーナーです。「Column」は、本書のテーマに関連する話題を解説するコーナーです。本書は、本文だけでも内容が完結するようになっていますが、余裕がある方は、これらも読んでいただくことで、理解がさらに深まります。
- 本書は、読者の読みやすさを重視し、脚注や文末注を設けていません。刑事司法手続や再審制度、各再審事件の実情などについてさらに学びたい場合は、各Partの末尾に挙げた「参考文献」をご覧ください。
- 各事件は、日本弁護士連合会人権擁護委員会が支援にあたって用いた事件名称で表記しています。

小説「えんざい」

この小説は、京都弁護士会制作のドラマ「なぜ人は『やっていないこと』を自白するのか？～えん罪（冤罪）を生み続ける国、日本～」を小説化したものです。このドラマは、〈https://www.youtube.com/watch?v=3dLligX_WqQ〉よりご視聴いただけます。右の QR コードからアクセスしてください。

Scene1
プロローグ～2022冬～

ボクは小野大吾。今、四方を壁に囲まれた小さな空間で、横になっている。窓には鉄格子がはまっている。畳は敷いてあるけれど、暖房はない。壁から、畳から、寒さがじわじわと絡みついてくる。

ちょっと前までのボクは、リクルートスーツを身にまとって就活にいそしむ大学生だった。早く内定をもらって、両親と彼女を安心させて、残りの大学生活を心おきなく楽しみたい、それしか考えていなかった。刑務所なんて、ドラマの中にしか出てこない別の世界だと思っていた。

人は言うだろう。

「大学生のくせに刑務所行きなんて、どんな悪いことしたんだ？」

でもボクは、何も悪いことなんかしていない。

刑事の前で、やってもいない犯罪を「ボクがやりました」と言ってしまったこと以外は……。

Scene2
青天の霹靂

2020年６月Ｘ日、その日の京都には、梅雨の晴れ間が広がっていた。

ボクは、いつものようにリクルートスーツの上着に袖を通し、革靴を履くと玄関から外に出た。手早くカッコ良くネクタイを締められるようになったけど、それはあちこちの会社で面接を受けて「場数を踏んだ」のに、大学４年になってもまだ内定がもらえていないからだ。このまま卒業までに就職が決まらないと、彼女にも愛想をつかされるかもしれない。ボクは正直かなり焦っていた。

「もう出かけるの？　朝ご飯は？　帰りは何時ごろ？」という、せかせかした母の声は、背中で受け流した。

バス停のある路地に出ようと歩き出したとき、目の前に見たことのない男二人が立ちはだかった。一人は細身、一人はがっしりした体格。二人とも白髪交じりの頭、眉間に太い縦皺が刻まれ、表情が険しい。

がっしりした方の男が口を開いた。

「警察です。小野大吾さんですね」

「……何ですか？」

ボクは内心びびりながら、努めて普通の声を出そうとした。

男は、「あなたに、威力業務妨害罪での逮捕状が出ているので、よく聞いておくように」と言いながら、内ポケットから紙を取り出して読み上げ始めた。

被疑者は、令和２年６月１日午後４時12分ごろ、京都市内の被疑者の自宅において、パーソナルコンピューターから、株式会社竹田プロダクションに、「メインストリートボーイズのドームライブを中止しろ。中止しなければ、会場で無差別殺人を行う。ジェームズ・ミク」と記載した電子メールを送信し、同月３日のドームライブを中止して、チケット５万枚の払い戻しを余儀なくさせるなどし、同社の正常な業務の遂行に支障を生じさせ、もって威力を用いて人の業務を妨害したものである。

よく聞いて、と言われても、「逮捕状」という言葉のあとは何も耳に入ってこなかった。なのに、その男は、ボクが当然わかっていると言いたげに、「心当たり、ありますね」と念を押すのだ。

いや、何の話かまったくわからない。それよりボクは、今日面接のアポを取っている会社に遅れてしまう、と焦り始めていた。

こいつら警察とか言ってるけど、何か悪質ないたずらなんじゃないか。早いとこやり過ごそう。

ところが、ボクが不機嫌な声で、「何のことですか」と言うと、いきなり細身の方の男が手錠を取り出してボクの両手首にはめた。

固い、冷たい感触が皮膚をとおして伝わってきた。

え、マジ？　ヤバい。ヤバすぎる……。

ボクは半分泣きそうになりながら「ちょっと、あの、今から就活の面接があるんですけど」と必死で訴えたけど、無駄だった。

ボクは刑事二人に挟まれるようにして車に押し込められ、そのまま警察署に連れていかれた。

ボクはこの日、アポを取った会社の面接をすっぽかした。

でも、そんなレベルではすまないってことを、このときのボクはまだ、わかっていなかった。

Scene3
取調室～自白への「転落」～

警察署に着くと、ボクは、着ていた服を脱ぐように言われ、検査着のようなものを着せられて警察官の身体検査を受けた。パンツまで脱がされ、尻の穴まで調べられたボクは、何か人間として大事なものを奪われたような気がした。ボクは鉄格子の向こうの部屋に入れられ、その日から名前ではなく「番号」で呼ばれることになった。

逮捕された日と、その次の日に、ボクは警察から車で２回、別の場所に連れていかれた。それぞれの場所で、ボクは「検察官」と名乗る男と、「裁判官」と名乗る男から、自宅のパソコンから脅迫メールを送ったか、と同じことを尋ねられた。ボクは２回とも「やってません」と答えたが、初日の「検察官」は「ふーん」と言っただけだった。次の日の「裁判官」は一瞬、薄笑いを浮かべたように見えたが、その表情を消したあと、抑揚のない声で「あなたを10日間勾留します」と言った。

次の日から、同じ警察署の建物の中で、鉄格子に囲まれて寝起きをする場所＝「留置場」と、ドラマでよく出てくる、小さなスチール机とパイプ椅子が置いてある小部屋＝「取調室」との間を往復する毎日が始まった。

取調べを担当する刑事は、ボクを逮捕した二人の刑事と違って、小太りで丸顔、ちょっと優しそうな感じだった。怒鳴ったり、机を叩いたりすることはなかったけど、とにかく、何度も何度も同じことを聞いてくるので、いい加減ボクは気が滅入ってきた。

「いったい、いつになったら認めるの？　ライブを中止しないと、無差別殺人を行うっていう脅迫メールを、キミが自宅のパソコンから送った。そうでしょ？」

「だから、何度も言ってるとおり、ボクはやってません」

この繰り返しなのだ。

らちがあかないので、ボクは一番気になっていたことを思い切って尋ねてみた。

「……刑事さん、ボクは、いつまでここにいないといけないんですか？」

逮捕された日に就職面接をすっぽかしてしまったボクは、次の会社の面接日までにはどうしても家に帰りたかった。

「えーっと、キミは勾留されて今日で２日目か。勾留っていうのはね、最大で20日間認められているんだよ。だから、まだまだだねぇ」

20日……。ボクは絶句した。このままじゃ、次の会社の面接も受けられない。

刑事は、ボクの動揺を見透かしたように、少し身を乗り出して、ボクの顔を覗き込むようにして言った。

「キミもしんどいだろ？　いい加減、認めたら？」

またこれだ。なんでボクを犯人と決めつけるんだろう。

「ボクがやったっていう証拠、あるんですか？」

刑事は、ボクの顔から遠ざかると、大きなため息をついて、今度は分厚いファイルのページを無造作にめくり始めた。

「警察はねぇ、いろんなことを調べられるんだよ。IPアドレスって知ってるかな？　それを見れば、いつ、どこで、どの端末からメールが送られたか、わかるんだよ。で、例の脅迫メールのIPアドレスを調べてみたら、キミの家のパソコンから送信されたことがわかったってわけ」

刑事はそう言うと、分厚いファイルの途中の部分を開いて、「捜査報告書」と書かれたページをボクの前に突き出した。

「え？」

ボクはにわかに不安になった。脅迫メールの送信元のIPアドレスが、ボクの家のパソコンのアドレスと一致したって、どういうことだろう。ボクは、やってない。やってない、はずなんだけど……。

「認めないっていうことは反省していないってこと。そういう人間には、ちゃんと罰を与えないとまたやるだろうって、裁判官は思うよね。そうなったらキミも、実刑は確実だろうねぇ」

「ジッケイ……。実刑って、刑務所に入るってことですか？」

「そう。まぁ、３年ぐらいかな」
３年も刑務所に入る？　ボクの頭は真っ白になった。次の会社の面接どころじゃない。大学も卒業できない、就職もありえない、彼女も愛想をつかすだろう。ボクのこれからの人生は、いったいどうなるんだろう……。
ボクが脅迫メールの犯人かどうかより、このまま刑務所に入って人生が台なしになることの方が、はるかに現実味のある恐怖となって押し寄せてきた。
「じゃあ、認めたら、どうなるんですか？」
ボクはおずおずと刑事に訊いた。
丸顔の刑事は急に人懐っこい笑顔を浮かべた。
「執行猶予になるから、刑務所には入らなくてすむよ。保釈も認められるだろうから、来週には就職活動も再開できるんじゃない？」
言いようのない気持ちが、ボクの中にこみあげてきた。刑事さんは、いい人なんだ。ボクの就活のことを親身になって心配してくれている。この人の言うとおりにすれば、刑務所に入らなくてすむし、就活も続けられる……。
長い沈黙の後、ボクは、ボクの口から思いがけない言葉がこぼれ出すのを聞いた。
「ボクが……、ボクがやりました」
刑事は間髪を入れず、聞き返した。
「何？　聞こえない！」

「……ボクが、やりました」

Scene4
供述調書と署名

それからの取調室では、刑事が「こうだっただろう？」「ああだったよね？」と嬉々として質問し、ボクは「はい」「そうかもしれません」「よく覚えてないけど、刑事さんにそういわれると、そんな気がします」と相槌を打ちつづけるというやりとりが続いた。

全然身に覚えのないことだけど、「ボクがやりました」と言った以上、ボクが犯人だという物語を、刑事さんと一緒に作らなければならない。だって、やってないと言うと、ここから出られないんだから。何よりも、早く就活を再開したかった。

ひととおりの取調べが終わると、刑事は「これまでキミが話した内容を、供述調書、という書面にまとめたから、これからそれを読み上げるからね。その内容に間違いがなければ、最後に署名するように」と言って、その「供述調書」を読み上げ始めた。

驚いたことに、刑事が質問し、それにボクが答えるというやりとりが、供述調書では、ボクが独り言を言っているように書かれていた。しかも、刑事さんから繰り返し聞かれた質問に答えられず、長い時間考え込んだり、黙り込んだりしたこともあって(そりゃそうだ。本当はやっていないんだから)、そういうときに刑事さんがくれた「ヒント」に乗っかったり、自分で一生懸命頭の中で想像をめぐらせたりして、行ったり来たりしながら少しずつ答えた内容が、まるで物語の朗読みたいに、淀みなくすらすらと喋ったように書かれているのだ。

私は、今年の6月1日、株式会社竹田プロダクションに対し、「メインストリートボーイズのドームライブを中止しろ。中止しなければ、会場で無差別殺人を行う」という内容の脅迫メールを、私の自宅のパソコンから送信しました。

なぜ私がそのようなことをしたかというと、就職活動がうまくいかず、ストレスがたまっていたので、ストレスを発散したかったからなのです。

私は、脅迫メールで「ジェームズ・ミク」を名乗りました。「ジェームズ・ミク」という名前の由来ですが、「ジェームズ」は、スパイ映画の主人公であるジェームズ・ボンドから取りました。また、「ミク」は、英語の「サンキュー」を数字の「3」「9」にして、さらに数字の「3」「9」を「ミク」と読み替えたものです。

ストレス発散のためにいたずらで脅迫メールを送ったのですが、ドームライブが中止されたと報道されて、私は自分のしたことの重大さに気づき、いつ逮捕されるかと毎日ビクビクしていました。ですから、今は逮捕されてほっとしたという気持ちもあります。私のせいでライブが中止になってしまい、主催者の皆様、ファンの皆様には申しわけない気持ちでいっぱいです。チケットを払い戻したことで、数億円の損害が出たことも知りました。私には数億円もの損害を賠償するだけの財産はありませんが、自分の罪を償う方法を考えていきたいと思います。

今後は、二度と罪を犯さないように、更生したいと思います。

刑事は供述調書から目を上げ、少し厳しい顔でボクを見た。「じゃ、これで間違いないということで、ここに、署名をしてください」。刑事は供述調書をボクの目の前に置き、ボールペンを差し出した。

その瞬間、ボクの全身の筋肉がギュッと固まった。ボクの中にいるもう一人のボクが、「ダメだ。署名しちゃいけない」と警告を発しているような気がした。

勾留された最初の日に来てくれた弁護士さんが、「私は忙しいから、なかなか面会に来れないんだけど、何か困ったことがあったら、警察の人に、弁護士を呼んでくれって頼んでくれれば来るからね」と言っていたことを思い出した。

「ちょっと、待ってください。弁護士さんに相談してからでも、いいですか？」

刑事は、やってられない、という顔になり、天を仰いで舌打ちをした。

「キミねぇ、21歳にもなって、自分のことも自分で決められないの？　弁護士さんが、署名するな、と言ったら、署名しないの？　自分の罪に向き合えてないんじゃない？　そんな態度じゃあ、裁判官は、キミが反省しないと判断するし、保釈も認めてくれないよ。就職活動、大丈夫？」

ボクは打ちのめされた。就活ができなくなることは、このときのボクにとっては死活問題だったのだ。

「わかり……ました」

ボクは、ボールペンを握り直し、供述調書の最後の１枚の、本文が印字されている部分の下に自分の名前を書き、指印を押した。

ボクの署名指印が終わると、刑事はその紙を取り上げ、「以上の通り、録取して読み聞かせたところ、誤りがないことを申し立てて署名指印した」と手書きして署名し、印鑑を押した。

Scene5
第1回公判

ボクは起訴され、裁判にかけられることになった。

刑事は、罪を認めれば保釈も認められる、と言ってたのに、保釈は認められず、ボクは勾留されたままだった。ようやく、あれは刑事が自白を取るための常套手段なのだと気づいたボクは、弁護士さんに「本当はやっていないんです」と告白した。

弁護士さんは、「キミが無実なら、法廷ではそう主張しなさい」と言ってくれたけど、ボクが「ボクの家のパソコンに、何かおかしな点があるんじゃないかと思うんです。調べてもらえませんか」と頼んだことについては、「あのパソコンは検察庁に押収されちゃってるから、調べようがないんだよね〜」と取り合ってもらえなかった。

夏の日差しが容赦なく照り付ける2020年８月Ｘ日、京都地裁で第１回公判が始まった。

一段高いところに黒い服を着て座っている裁判官の、「それでは開廷します。被告人は証言台の前へ立ってください」という言葉に促されて、ボクは法廷の真ん中にある証言台の前に立った。

実直で真面目そうな中年の裁判官は、ボクが３カ月前に採用面接に行った会社の重役に、どこか面影が似ていた。あそこで内定をもらえていたら、こんなことになっていなかったかも、とボクは運命を呪った。

裁判官から、名前、生年月日、本籍地、住所、職業をひととおり尋ねられたあと、証言台の左側に座っていた検察官が立ち上がり、起訴状を朗読し始めた。

公訴事実

被告人は、令和２年６月１日午後４時12分頃、京都市内にある被告人の自宅において、パーソナルコンピューターから、株式会社竹田プロダクションに、「メインストリートボーイズのドームライブを中止しろ。中止しなければ、会場で無差別殺人を行う。ジェームズ・ミク」と記載した電子メールを送信し、同月３日のドームライブを中止して、チケットの５万枚の払戻しを余儀なくさせるなどし、同社の正常な業務の遂行に支障を生じさせ、もって威力を用いて人の業務を妨害したものである。

罪名及び罰条

威力業務妨害　　刑法第234条

「……以上について、ご審理願います」

続いて裁判官はボクに、言いたくないことは言わなくてもいい、という黙秘権があること、被告人は自由に発言することもできるが、その内容は有利不利を問わず、この裁判の証拠となることを説明した。そして、改めてボクにこう尋ねた。「被告人、今、読み上げられた事実に、間違っているところはありますか？」

ボクは両手の拳をギュッと握りしめた。傍聴席には、両親と彼女も来ている。振り返って顔を見ることはできなかったけど、背中に視線を感じている。今だ。本当のことを言わなければ。

「ボクは、やってません。脅迫メールなんて、送ったことありません」

机の上の記録に目を落としていた検事が顔を上げ、怪訝そうにボクを見た。

裁判官は表情を変えず、「弁護人のご意見は」と弁護士さんに発言を求めた。

「はい。被告人は、無罪です。被告人は警察官に対して、罪を認める供述をしておりますけれども、これは、罪を認めないと、実刑になって、就職活動ができなくなると、怖くなって、罪を認めたものであります。被告人は、脅迫メールを送っておりません。以上です」。弁護士さんはこう言って、ボクが刑事の前で自白した理由を補足してくれた。

それから、何かの儀式のような証拠調べの手続が延々と続いた。ボクが取調べのときに刑事に見せられた、IPアドレスに関する捜査報告書も裁判長に提出された。

ボクの被告人質問で、検察官は、刑事の前では「やりました」と言ったのに、なぜ裁判官の前では本当のことを言えないのか、と執拗にボクを責めた。あまりに強い口調に、ボクはいたたまれなくなり、つい「……ごめんなさい」と言ってしまった。刑事にウソをついたことについてはボクに責任があるので、そのことを謝ったつもりだった。

しかし、検察官は「ごめんなさい、ってことは、キミ、やったってことだよね」と決めつけるように言った。それまで黙っていた弁護人が立ち上がり、「異議あり！」と言ってくれたので、検察官はそれ以上の質問を止めたけど、ボクはどうしようもなく不安な気持ちでいっぱいだった。

裁判官は、ボクが無実だということを、ちゃんとわかってくれるんだろうか……。

Scene6
判決

2020年11月Ｘ日、判決の日が来た。

第１回公判の後、ようやく保釈が認められたボクは、就活で着ていたリクルートスーツにネクタイを締め、自宅から京都地裁に向かった。

第１回公判のときは不安だったけど、自宅に戻って久しぶりに母の手料理を食べ、自分の部屋のベッドで眠れるようになり、ボクは少し落ち着きを取り戻した。そしてボクは、「裁判官が間違えるはずがない。今日は必ず無罪判決が出る」と確信していた。

だって、ボクはやっていない。ボク自身が、そのことを一番よく知っている。

証言台の前に立つ。いよいよ判決の言い渡しだ。

裁判長が口を開いた。

「これから、判決を言い渡します」

主文

被告人を懲役２年に処する。

京都地方検察庁で保管中のパーソナルコンピューター１台を没収する。

「主文は以上です」

違う！　違う！　「被告人は、無罪」だろ。なんで言い間違えるんだ、こんな大事なところで……。心の中で声にならない叫びを上げている間に、裁判官はどんどん判決文を読み進めていた。

「懲役２年の実刑、つまり、あなたに刑務所で２年間服役してもらう、という判決です。あなたは無罪を主張していましたが、当裁判所はあなたを有罪と判断しましたので、これからその理由を説明します。

弁護人は、本件脅迫メールを送信したのは被告人ではなく、被告人は無罪であると主張するが、当裁判所は本件脅迫メールを送信したのは被告人であると判断したので、以下、補足して説明する。

本件脅迫メールの発信元である……」

でも、ボクの耳にはもう、何も聞こえなかった。覚えているのは、ボクの横で、検察官が満足そうに何度も頷きながら、判決を聞いていたことだけだ。

あとから弁護士さんが説明したところによれば、裁判官は、有罪になって前科が付けば就職に不利になるとわかっているのに、釈放されて就職活動をするために自白した、という弁解は、矛盾していて不合理である、と判断したのだという。また、「ジェームズ・ミク」という名前の由来や、犯行動機など、犯人でなければ語ることのできない内容が、具体的かつ詳細に語られていたことから、自白は十分信用できる、と認定されたそうだ。

何より、脅迫メールの送信元と、ボクの自宅のパソコンのIPアドレスが一致したことが、有罪の決め手となった、と弁護士さんは言った。IPアドレスが一致している以上、自白が本当かウソかにかかわらず、控訴しても難しいんじゃないか、とも。

でも、ボクは、こんな判決、とてもじゃないけど納得いかなかった。警察での取調べのときは、とにかく早く家に帰って就職活動を再開したい一心だったから、前科が付いたらどうなる、なんて考える余裕もなかったし、名前の由来とか動機なんて、「ボクがやりました」と言ってから、刑事さんと一緒になって考えた「架空の物語」だった。京都地検に押収されているというパソコンを調べたら、何かわかるんじゃないか、素人ながらそう思ったけど、どうしたらいいかわからなかった。

ボクは判決を不服として控訴、上告した。でも、結局ボクの言い分は認められず、懲役２年の有罪判決が確定した。

ボクは、逮捕から１年２カ月後の2021年の８月、判決の確定とともに刑務所に入った。休学扱いになっていた大学は退学となり、京都地裁での裁判のときは心配して傍聴席に来てくれた彼女からも、その後便りはなくなった。

Scene7
刑務所の面会室

私は西辻亮輔。京都で弁護士をしている。2021年10月Ｘ日、私は加古川刑務所の面会室で、ある受刑者と面会することになっていた。

受刑者の名前は、小野大吾くん。逮捕されたときは大学４年生だった。メインストリートボーイズという、人気ロックバンドのドームコンサートを中止しろ、中止しなければ無差別殺人を行う、という脅迫メールを送った犯人として懲役２年の有罪判決が確定して刑務所に入った。しかし、小野くんは、警察の取調べで自白したものの、法廷では一貫して無実を訴えていたという。

私は小野くんの両親から相談を受け、「何とか息子の無実を晴らしてほしい」と懇願された。調べてみると、京都地裁の判決は、小野くんが勾留2日目という早い段階で自白したことと、脅迫メールの送信元のIPアドレスと小野くんの自宅のパソコンのIPアドレスが一致したことを有罪の決め手と考えたようだが、IPアドレスが一致しても、そのパソコンが遠隔操作されている可能性を検討した形跡はなかった。検察庁に保管されているパソコンを調べれば、小野くんの有罪を覆すことができるかもしれない、と思った。

三審制で確定した有罪判決を覆す方法はただ一つ、「再審請求」、つまり、裁判のやり直しを求める手続を行うことだ。しかし、この国の再審は「開かずの扉」と言われるほどハードルが高い。小野くんはあと1年で服役を終える。もしかしたら、もう刑事裁判はこりごりだと思っているかもしれない。そこで私は、小野くん本人に面会して、彼に再審をする意思があるか、確かめようと思った。

刑務所の面会室で待っていると、アクリル板の向こうのドアが開いた。囚人服に身を包み、作業帽を目深にかぶり、大きな黒縁のメガネをかけた青年が、一礼をしてアクリル板の前に立った。落ち着かない様子で、何かにおびえているようにも見えた。見ず知らずの人間が面会に来たことを訝っているのかもしれない。まず、彼を安心させなければ。

「小野大吾さんですね。おかけください」。私は彼に椅子を勧めた。「私は弁護士です。今日は貴方のお父さんから相談を受けて、ここに来ました」「小野くん、例の脅迫メールの件、本当にやったんですか？」

小野くんは、目を伏せたまま、「本当はやってないです。でももう、誰も信じてくれないし」と少し投げやりな口調で答えた。

私は、単刀直入に切り出した。

「本当にやっていないんですよね。じゃあ、もう一回裁判をやり直してみませんか？」

小野くんの表情がかすかに動いた。顔を上げ、初めて私の目を見た。

「再審請求という制度を、ご存じですか？」

「サイシン……セイキュウ？」

「あなたが犯人ではないという新たな証拠を示すことで、あなたを無罪にする手続です」

「でも、ボクの裁判はもう、確定して終わっているんですよね？」

「たしかにそうですが、裁判をもう一度やり直す制度があります。正直に言って、簡単なものではありません。それでも、あなたはやっていないんですよね。だったら、もう一回裁判をやり直してもらって、はっきりさせませんか？」

小野くんは、迷いなく答えた。

「はっきり、させたいです」

「じゃあ、やりましょう」

ほっそりした小野くんの体に似合わないほどの力強い声に、彼がここに至った無念と、無実の罪を晴らしたいという決意を感じた私は、再審請求に向けた具体的な話を始めた。

「確定した判決をみると、脅迫メールが送られたIPアドレスが、あなたの自宅のパソコンのものと一致した、というのが有罪の決め手になっています。ただ、そのIPアドレスが本当に正しかったかどうか、あるいは、あなたのパソコンを誰かが勝手に操作した可能性がないか、すべての証拠をもう一度見直して、調べ直してみたいと思っています」

「そんなこと、できるんですか？」

「再審請求をして、裁判官、検察官、弁護人が集まって協議をする場を設けてもらいましょう。その場で、検察庁に保管されている証拠を見せてもらえるよう、働きかけてみます」

「はい。ボクには正直よくわからないですけど、よろしくお願いします」

面会室に入ってきたときとは別人のような明るい表情で、小野くんは私に頭を下げた。

Scene8
再審請求審～第1回三者協議～

私は小野くんと面会した後、すぐに再審請求の準備に取りかかった。

再審を申し立てるには、「無罪を言い渡すべき明らかな証拠」を提出することが必要である、と刑事訴訟法に定められている。最近では、多くの再審事件で、捜査段階で収集されていたにもかかわらず、裁判には提出されないまま警察や検察庁に保管されていた被告人の無実を示す証拠が、再審段階で開示され、それが決め手となって再審が開始され、裁判がやり直されるケースが増えている。

しかし、私たち弁護士が再審請求をしようと準備している段階で、警察や検察に、「裁判に提出しなかった証拠を見せてくれ」と言っても、まず応じてくれない。証拠開示というのは、ほとんどの場合、再審請求をした後、その手続の中で、裁判所が検察官に証拠開示を勧告したり命令したりすることによって実現するのだ。

だから、裁判のやり直しを求めるためにはまず、再審を請求する側が、自力で新証拠を準備しなければならない。すでに捜査が終了して裁判も確定している事件で、無罪を証明できるような新しい証拠を自分で見つけろ、というのは、もうそれだけで無理難題のような気もするが、そうも言っていられない。
　私は、小野くん自身が実際にスマホから送信したたくさんのメールをプリントアウトし、例の脅迫メールとともに言語学の専門家に見てもらった。すると、脅迫メールでは、句読点を打つ位置や、「てにをは」の使い方に、いつもの小野くんのメールと大きく異なる傾向があることがわかった。私は言語学者の分析結果を「鑑定書」の形にまとめてもらい、それを新証拠として再審請求をすることに決めた。
　もちろん、これだけで再審が認められるとは思えないが、とにかく再審の手続に乗せて、裁判所に三者協議期日を開いてもらい、捜査段階で集められたすべての証拠、特に押収された小野くんの自宅のパソコン本体を開示させることが狙いだった。

　2021年11月Ｘ日、私は言語学者の鑑定書を新証拠として、京都地裁に再審請求書と証拠開示命令申立書を提出した。そして、裁判官、検察官、弁護人による協議期日を早期に設定するよう、裁判所に要請した。裁判所は「裁判員裁判の日程が詰まっている」などと言いわけをして、なかなか期日を設定してくれなかったが、年が明けた2022年２月Ｘ日、ようやく第１回の三者協議期日が開かれることになった。

　再審請求での三者協議期日は、通常の裁判と異なり非公開で行われるため、法廷ではなく会議室で行われる。法廷では黒い法服を着る裁判官３名も、普段の恰好のままだ。
　裁判長が三者協議期日の開始を告げ、私が提出した再審請求書と証拠開示命令申立書について、「弁護人の主張内容は、この書面のとおりですね」と事務的に確認した。

私は、この三者協議の場で、何としても裁判官から検察官に対し、すべての証拠を開示するよう命令してほしかったので、ここぞとばかりに発言した。

「はい。小野さんは、脅迫メールを送信していません。真相を明らかにするためには、捜査機関が収集した証拠を一から見直す必要があります。ですから、検察官の手元にある、すべての証拠の開示を求めます」。力を込めてそう言い終えたが、裁判長は、眼鏡の奥から私をじろりと一瞥し、冷ややかにこう言った。

「弁護人、再審請求審では証拠開示請求を認める法律が存在しないことは、ご存じですよね？」

もちろん知っている。しかし、ここで引き下がるわけにはいかない。

「はい。ですから裁判所の職権で、検察官に対して、証拠開示を命じてください」

裁判長は検察官の方を向いた。

「検察官からは、証拠開示に反対する意見書が提出されていますが、証拠開示の必要性はないと、こういうご意見ですね？」

検察官は、このような場に引きずり出されていかにも迷惑だ、とでも言いたげに「弁護人は何の根拠もなく、証拠を漁ろうとしているだけです。証拠を開示する必要性はありません」と吐き捨てるように言った。顔を動かすのさえ余計なエネルギーの消耗だと思っているのか、能面のような表情を保っている。一度有罪が確定した事件を見直すなど労力の無駄だと考えているのだろうか。

私は重ねて裁判長に訴えた。

「検察官がすべての証拠を握っているのです。その中に、小野さんの無実を明らかにする証拠が隠されているのかもしれないのですよ」

「いや、しかし、再審理由との関連性もわからないのに、全部の証拠を開示しろというのは、いくら何でも乱暴でしょう」

あまりに議論がかみ合わないので、私は方針変更を余儀なくされた。

「それなら、小野さんのパソコン本体だけでいいので、開示するよう命じてください。確定した判決では、IPアドレスが有罪の決定的な証拠とされています。小野さんのパソコン本体を調べれば、何かわかるかもしれません」

裁判長はうんざりした様子で天を仰ぎ、そして、この議論の幕引きに取りかかった。

「何かわかるかもしれない、というだけでは、証拠開示を命ずることはできません。事前に私たち裁判官３名でも検討いたしましたが、本日の弁護人の話を聞いても、証拠開示の必要性はないものと考えます。ですから、検察官に対して、証拠開示を命じるつもりはありません。本日は以上です」

裁判長は記録ファイルを閉じると、そそくさと席を立った。あと二人の裁判官も、それに続くように退席していった。

検察官は能面のような顔のまま、しかし唇の両端だけを少し持ち上げて笑みを浮かべ、悠然と会議室を後にした。

Scene9
再審請求審～第2回三者協議～

それから約２カ月後、私の事務所に思いがけない電話があった。

裁判所の書記官から、小野さんの再審を担当している裁判長が人事異動で交代になり、新しい裁判長が改めて三者協議期日を開きたいと言っているので、日程調整をお願いしたい、という連絡だった。

第１回の三者協議期日で暗澹たる気持ちになっていた私は、一筋の光が差し込んできたような気持ちになった。よし、もう一度証拠開示命令申立書を出そう。

ほどなく第２回の三者協議期日が開催された。新任の女性裁判長はにこやかに「４月の人事異動で、今回から私が裁判長を務めます。宜しくお願いします」と言って、軽く頭を下げた。

「先日、弁護人から、改めて証拠開示命令申立書が提出されましたね」

「はい。本件では、パソコン本体を専門家に鑑定してもらう必要があります」

私が言い終わらないうちに、裁判長は検察官の方を向いた。また検察官の顔色をうかがうのだろうか……。

しかし、そこからの裁判長と検察官のやりとりは、意外な展開を見せた。

「検察官、犯行に使われたというパソコンには、何か異常があったんですか」

「ないと……思います」

にこやかだった裁判長の表情がにわかに険しくなった。

「『ないと思います』というのは？　捜査段階では調べなかったんですか？」

裁判長からの追及に、検察官は半ば開き直ったようにこう答えた。

「調べていません。小野さんは早い段階で自分が犯人だと自白していました。そこまで調べる必要はありませんよ」

私は呆れながら口を挟んだ。

「いずれにせよ、パソコン本体を専門家に鑑定してもらえばはっきりします。こちらで鑑定しますので、パソコン本体を開示するよう命令してください」

裁判長はおもむろに口を開いた。

「私は、先輩裁判官から、刑事裁判のもっとも重要な使命は『無実の発見である』、そう教えられてきました。万が一とはいえ、無実の人が服役している可能性があるなら、黙って見過ごすことはできません。パソコン本体を開示したとしても、特に問題はないでしょう」

そして裁判長は、一呼吸置いてから検察官をまっすぐ見て、きっぱりと告げた。

「検察官、小野さんのパソコン本体を開示してください」

第１回の三者協議のときには余裕たっぷりだった検察官は、うって変わって明らかに困惑していた。

「内部で協議の上、開示するかを決めます」

裁判長はにこやかな表情に戻り、「では、開示するかどうか決まったら、速やかに報告してください。本日の三者協議は、これで終わります」と言って期日を閉じた。

私の体を、軽やかな春風が通り抜けていったような気がした。

一刻も早く小野くんに面会に行き、このニュースを伝えたかった。

Scene10
エピローグ～2023春～

ボクが脅迫メールの犯人にされてから、３度目の春が来た。

１年前、新しい裁判長がパソコン本体の開示を命じた後、検察官はボクのパソコンのハードディスクを丸々コピーしたものを弁護人に開示した。そして、弁護人はそれを専門家に鑑定してもらった。

すると、ボクのパソコンは遠隔操作のウィルスに感染していることがわかった。犯人はボクに代わって、遠隔操作で脅迫メールを送っていたのだ。

そして、その鑑定が決め手となって、2022年10月Ｘ日、ボクの裁判をやり直すという、再審開始決定が出された。

これで再審の裁判が開かれて、ボクの無実が証明される……。そう思った矢先、検察官は、再審開始決定に不服があるとして、抗告を申し立てた。待ちに待っていた、やり直しの裁判は、先延ばしになってしまった。

ボクはまだ、刑務所の部屋の中にいる。気がつけば、あと４カ月で出所だけど、全然嬉しくない。犯罪者の汚名を着せられたまま、社会に戻るのはイヤだ。

ボクの闘いは、まだまだ続く。

Part 1

冤罪はどうして起きるの?

小説「えんざい」の主人公・小野大吾さんは、身に覚えのない脅迫メールを送った疑いで逮捕・勾留され、起訴されました。裁判の結果、小野さんは有罪となり、刑務所で服役することになりました。小野さんはなぜ、犯人だと思われたのでしょうか。そして裁判所はなぜ、小野さんの無実を見抜けなかったのでしょうか。Part1では、日本の刑事手続の問題点と、冤罪が生まれる原因に迫ります。

●捜査手続から第一審判決までの一般的な流れ

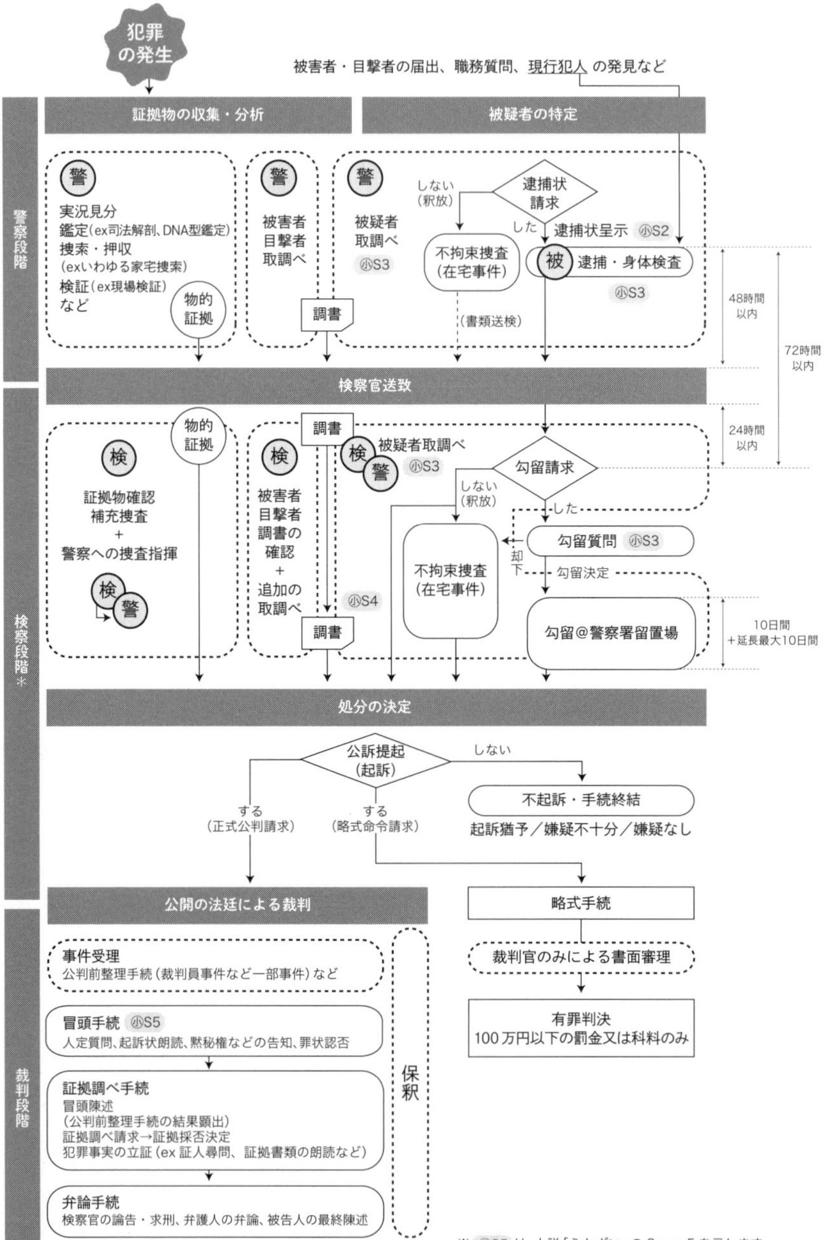

※ 小S5 は、小説「えんざい」の Scene5 を示します。
＊検察段階でも、警察による捜査が行われます。

「冤罪」とは何か？

「冤罪」という言葉は、無実の罪を指す言葉です。「冤」という漢字の語源は、うさぎ(兎・免・兔)が覆い(冖／ワ冠)の中に捕らわれて外に出られない様子であると言われています。「冤罪」は、法令上の用語ではなく、法的な定義がありません。法律用語辞典の中には、冤罪について項目を設けていないものもあります。

刑事司法手続は、捜査→公訴提起(起訴)→裁判→有罪判決→(上訴)→有罪判決の確定→刑の執行の順に進みます(罪を犯したと疑われる者は、捜査段階では「被疑者」と呼ばれ、起訴された後は「被告人」と呼ばれます。「容疑者」は、法律用語ではありません)。被疑者・被告人が罪を犯していない場合、この手続が進行すればするほど、問題は大きくなります。とりわけ、有罪判決が確定して刑の執行段階に至ったときは、取り返しがつかないほどに問題が深刻化します。そこで、刑事訴訟法は、確定した有罪判決の誤りを正す制度として、「再審」という手続を設けています(刑訴法435条以下[→78頁])。

本書は、「再審手続」に関する書籍です。誤った有罪判決を受けたと主張する者について、無罪を言い渡して救済を図るべき場合に焦点を当てています。本書では、「冤罪」という言葉を、少なくとも「有罪判決が確定した後で、その確定判決が認定した事実に合理的な疑いが生じうるため、救済を図るべき事態」を指すものとして使います。

Topic

「冤罪」の定義の難しさ

「冤罪」を最も広く捉えれば、①起訴に至らない場合でも、身に覚えのない嫌疑をかけられ、罪を犯した者として不当に扱われる事態は、すでに「冤罪」と言えるかもしれません。特に、実名報道が行われたり、逮捕・勾留されて社会生活から切り離されれば、起訴されなかったとしても社会的な影響が大きいです。実名報道や犯人視報道の被害としては、松本サリン事件が思い浮かぶでしょう[→234頁]。この事件では、第一通報者であった被害者が犯人視されました。この男性は、逮捕・勾留されていません。しかし、実名が報じられたこともあり、極めて深刻な被害を生みました。なお、逮捕・勾留された者が、「嫌疑なし」を理由に不起訴処分となったときは、被疑者補償規程に基づいて補償が行われます。

②身に覚えのない嫌疑で起訴された場合には、裁判所によって無罪判決が言い渡されたとしても、「社会からの排除」や「犯罪者というレッテル貼り」といった人権侵害が深刻に生じます。特に、社会的な偏見は、簡単には解消しないでしょう。無罪判決を受けた者が、一連の手続で逮捕・勾留されていた場合には、刑事補償法に基づいて補償が行われます。

範囲を少し狭めると、③有罪判決が言い渡された後で、被告人側が不服を申し立て、上訴審で無罪判決に至った場合も、「冤罪」と言えるかもしれません。しかし、上訴手続が適切に機能し、誤りが正されたことを重視すれば、これを「冤罪」と呼ぶことに疑問を持つ人もいるでしょう。範囲をさらに狭めると、④有罪判決が確定した後で、無実を訴えて再審請求する段階に至って初めて、「冤罪」と言えるかもしれません。本書冒頭の小説「えんざい」で再審請求した小野大吾さんの手続は、この段階です。しかし、小野さんは、再審開始が確定したわけではありません。Part2「日本の再審はどうなっているの？」で取り上げるように、再審手続の第二段階である「再審公判」に至ったわけでもありません。再審無罪判決が出ていなければ、有罪の確定判決は依然として効力を持ちます。このことを重視すれば、再審請求段階ではいまだ「冤罪」と言えないと考える人がいるかもしれません。このように考える立場は、範囲を最も狭めて、

⑤有罪の確定判決が再審無罪判決によって破られた事件のみを、「冤罪」と呼ぶでしょう。

しかし、⑤再審無罪判決に至った事件のみを「冤罪」と呼ぶ理解は、狭きに失するほか、無辜《むこ》（無実の人のこと）の救済を目的とする再審手続の存在と相容れません。本文の通り、少なくとも「有罪判決が確定した後で、その確定判決が認定した事実に合理的な疑いが生じうるため、救済を図るべき事態」は、「冤罪」と言ってよいでしょう。具体的には、⑤再審無罪判決に至った事件のみならず、④再審無罪判決に至っていないものの、日弁連が厳格な審査の上で「支援事件」として支援する再審請求中の事件は、「冤罪」と捉えてよいように思います。

小説「えんざい」に見る 日本の刑事司法手続とその問題点

本書冒頭の小説「えんざい」に沿って、冤罪に繋がる可能性がある刑事司法手続の問題点を指摘します。小野さんの有罪判決は、小野さん自身の自白と、脅迫メール送信元と小野さんの自宅パソコンのIPアドレスが一致していることに支えられています。小野さんの供述を録取した調書には、「ジェームズ・ミク」と名乗った理由や犯行動機が具体的・詳細に記載されていて、これが小野さんの自白の証拠価値（信用性）を高めています。

1 捜査段階

(1) 逮捕はどういう手続か?

2020年６月Ｘ日、小野大吾さんは、逮捕状を呈示されて逮捕されました(Scene2)。捜査機関は、小野さんに対して、「威力業務妨害罪(刑法234条)という罪を犯した」という疑いをかけました。威力業務妨害罪は、「人の意思を制圧するに足りる勢力を用いて、人が社会生活を維持する上で反復・継続して行う事務を妨害させ得る行為」を処罰するものです。このような行為を処罰対象とする狙いは、社会的活動の自由や経済的利益を保護することです。法定刑は、３年以下の懲役又は50万円以下の罰金です。

「逮捕」と聴くと、事件が一件落着したと考えたり、逮捕された人を「犯人」であると考える人がいるかもしれません。報道機関も、逮捕段階で「事件解決に至った」と表現することがあります。刑事ドラマは、「犯人」であると視聴者が知っている人が「逮捕」されることで、事件が「解決」します。しかし、この理解は間違っています。

逮捕は、罪を犯したことを疑うに足りる相当な理由(嫌疑の相当性、刑訴法199条１項)と、逮捕の必要性(刑訴法199条２項、刑訴規則143条の３)が認められる場合に限って行われる手続です。年齢および境遇ならびに犯罪の軽重および態様その他諸般の事情に照らし、被疑者が逃亡するおそれや罪証を隠滅するおそれがなければ、逮捕の必要性が否定されます。2021年に検察庁が処理を終えた事件の全被疑者のうち、逮捕された者の比率は、34.1％です。逮捕される比率が高い覚醒剤取締法違反などでも、被疑者の30％は逮捕されません。逮捕は、事件の解決を意味しません。罪を犯したと疑われる人を訴追・処罰するための前提条件でもありません。刑罰を先取りして懲らしめるための手続でもありません。国際的にも、「身体不拘束」が原則とされています(自由権規約９条３項)。逮捕されずに捜査や裁判を受け、有罪判決を言い渡されることも、珍しいことではありません。

警察は、被疑者を逮捕したときは、犯罪事実の要旨や弁護人選任権を伝え、弁解の機会を設けます。留置の必要がないと考えたときは、ただちに身体拘束を解いて釈放し、在宅被疑者として捜査を続けます。留置の必要があると考えたときは、被疑者が身体拘束された時から48時間以内に証拠物などとともに検察官に送致しなければなりません（刑訴法203条１項）。検察官は、警察から被疑者を受け取ったときは、引き続き留置する必要があるかどうかを考えます。留置の必要がないと考えたときは、被疑者の身体拘束を解いて釈放し、在宅被疑者として捜査を続けます。留置の必要があると考えたときは、警察から被疑者を受け取った時から24時間以内で、かつ最初に被疑者が身体拘束された時から72時間以内に、裁判官に勾留を請求します（刑訴法205条１項）。本書冒頭の小説「えんざい」で、逮捕された日に小野さんが連れていかれたのは、検察庁です（Scene3）。検察官は、小野さんの「やってません」という弁解を聴いたり、警察から送られてきた証拠を確認して、裁判官に勾留を請求するかどうかを考えました。

⑵　勾留――逮捕に続く身体拘束

逮捕に続いて行われる身体拘束を、勾留といいます。上記の通り、検察官が「留置の必要がある」と考えたときは、裁判官に勾留を請求します。勾留の請求を受けた裁判官は、裁判所内の勾留質問室で被疑者と会い、被疑事件を告げ、これに関する被疑者の陳述を聴きます（刑訴法207条１項、61条）。この手続を、勾留質問と言います。裁判官は、被疑者の陳述を聴いて、勾留請求の適法性、勾留の理由、必要性を判断します。勾留の理由は、「被疑者が罪を犯したことを疑うに足りる相当な理由」がある場合で、「定まった住居を有しないとき」「罪証を隠滅すると疑うに足りる相当な理由があるとき」「逃亡し又は逃亡すると疑うに足りる相当な理由があるとき」のいずれか一つに該当するときに認められます（刑訴法207条１項、60条）。その上で、勾留の必要性を審査し（刑訴法87条）、勾留状を発付して引き続き身体拘束するか、検察官の勾留請求を却下するかを判断します。本書冒頭の小説「えんざい」で、小野さんは、逮捕の翌日に、前日とは違う場所に車で連れていかれました。この日に小野さんが連れていかれたのが、裁判所です（Scene3）。小野さんは、勾留質問室で裁判官と会い、「やってません」と言いました。しかし、裁判官は、小野さんを勾留することを決めました。

被疑者の勾留期間は、検察官が勾留を請求した日から10日間です（刑訴法208条１項）。検察官は、この間に、被疑者を起訴するかどうかを判断します。しかし、検察官が延長を請求した場合で、裁判官が「やむを得ない事由」があると認めるときは、10日の範囲内で勾留期間を延長できます（刑訴法208条２項）。そのため、逮捕段階も含めると、一事件について最大で23日間の身体拘束が可能です。逮捕・勾留の効力は、逮捕状や勾留状に明示された被疑事実に対して及びます。被疑事実Ａの捜査の過程で余罪Ｂが発覚した場合などは、ＡとＢでそれぞれ逮捕・勾留されるため、起訴前の身体拘束が23日以上になることもあります。捜査機関が、被疑事実を分割して令状を請求し、裁判官がこれを認める運用も珍しくありません。カルロス・ゴーン氏が有価証券報告書に虚偽記載をした疑いをかけられた際に、検察庁が2010～2014年度と2015～2017年度で区切って勾留請求し、これが認められた例が典型的です。

逮捕状に基づく逮捕や勾留は、裁判官による事前のチェックを踏まえています。もっとも、令状請求を受けた裁判官が、請求を却下する例は多くありません。2021年の勾留請求却下率は、4.1％でした。これでも、勾留請求却下率は、以前より上昇しています。

⑶ 代用刑事施設と虚偽自白

小野さんは、警察署に到着した後で、身体検査を受けました(Scene3)。逮捕されると、身体検査や写真撮影・指紋採取などが行われます。身体拘束を行うにあたって対象者を識別したり、所持品を確認するためです。全裸で体腔まで検査されるため、多くの被疑者は強い屈辱感を覚え、この段階で「心が折れる」と言います。

小野さんは、続いて、「鉄格子の向こうの部屋」に入れられました。警察署の中に設置された「留置場」と呼ばれる留置施設です。小野さんは、裁判官による勾留質問の後も、引き続き留置場で勾留されました。現行法は、勾留された者について、法務省が管轄する拘置所に収容することを原則としています(刑事収容法3条)。しかし、現実には、勾留された者の大多数が、警察署内の留置場に収容されます(刑事収容法15条)。被疑者は、自身に犯罪の疑いを抱いて捜査活動を行う警察の管理下で、一定の期間を過ごさなければなりません。このこと自体が、被疑者に大きな心理的圧力を加え、精神的に不安定な状態に置き、正常な判断を難しくさせたり、虚偽自白を生むと指摘されてきました(「代用刑事施設問題」。かつては「代用監獄問題」と呼ばれていました)。

憲法や刑訴法は、被疑者に黙秘権を保障しています(憲法38条1項、刑訴法198条2項)。しかし、現在の捜査実務では、逮捕・勾留中の被疑者は、取調室に出頭し、取調べを受ける義務を負うと考えられています。被疑者が黙秘権を行使しても、取調べは中断されません。黙秘権を行使した後も、「黙っているのは反省していないからだ」「正直にしゃべるように」などと熱心な説得が行われます。弁護人が取調べに立ち会うことは、認められていません。正確に言うと、刑訴法は、弁護人が取調べに立ち会うことを禁止していません。法務省も、「取調べを行う検察官において、取調べの機能を損なうおそれ、関係者の名誉やプライバシー、捜査の秘密が害されるおそれ等を考慮して、個別の事案ごとに適切に判断すべき」と述べています。しかし、現実に、弁護人の立会いが認められる例は、ほとんどありません。

小野さんは、身に覚えのない疑いをかけられ、捜査機関の管理下で勾留期間を過ごすことになりました。この間、長時間の取調べが連日行われます。小野さんは、取調室で警察官から同じことを繰り返し質問され、弁解を聞き入れてもらえません。このように、捜査段階で長期間の身体拘束を行い、「認めれば早く帰れる」とか「反省すれば検察官や裁判官もわかってくれる」と自白を迫る捜査実務は、「人質司法」として批判されてきました。小野さんは、弁護人の立会いもなく外部と隔絶された空間で、大学生活や就職活動、家族や彼女との繋がり、「ボクのこれからの人生」に対する不安感を強くしていきます。現行法上、起訴される前に保釈を認める制度はありません。そのような中で、警察官は、小野さんに「認めないなら刑務所行きになるけど、自白すれば起訴されても保釈されて執行猶予になるだろう」という「親身な心配」を寄せます。執行猶予になるかどうか、保釈するかどうかは、裁判官が判断することであり、警察官が約束できることではありません。しかし、小野さんは、それまで何を言っても聞き入れてもらえず、「何を言っても無駄だ」と絶望感を覚えていました。このような心理状態で、「親身な心配」を受け容れて自白することは、厳しい追及から回避する唯一の方法です。小野さんは、自分でも思いがけずに、誤った自白を自ら行いました(心理学用語で、学習性無力感と言います)。

(4)「自ら語った物語」としての供述録取書

捜査段階の供述は、「供述録取書」という書面にまとめられます(一般に、「調書」とも呼ばれます)。被疑者の供述を書き取った調書は、捜査官の問いと被疑者の答えを一問一答式で記載するものではありません。一人称で、被疑者が自らスラスラと語ったように書かれます（一人称独白型物語形式と呼ばれます）。この記述方法は、法が定めるものではなく、慣行によるものです。取調べごとに調書の作成が義務づけられているわけでもありません（刑訴法198条３項）。捜査官は、複数の取調べを経て、被疑者の供述をまとめる形で、調書を作成します。

小野さんは、事件について一人で詳しく述べたわけではありません。ときには、警察官から「こうだっただろう？」「ああだったよね？」と質問され、「はい」「そうかもしれません」「よく覚えてないけど、刑事さんにそういわれると、そんな気がします」と相槌を打つ形で供述しました。また、警察官が示した「ヒント」に乗っかったり、頭の中で想像をめぐらせたりして、少しずつ供述することもありました。小野さんにとって、取調室で語った事件のストーリーは、取調官との共同作業によって作り出されたものです。しかし、実際に作成された調書は、小野さんが自ら語ったような書き方で記載されていました（Scene4）。言葉は、文脈によって意味が大きく変わります。調書が一人称独白型物語形式で書かれると、各記述の基となる発言が、いつ、どのような経緯で、どのような発問に応じて、どのような表現で被疑者から発されたものであるかを事後検証することができません。また、自身に不利な内容を自ら語ったような口調でまとめられるため、読み手がその内容を信じやすいという問題もあります。

2　公判段階

⑴　刑事裁判の審判対象と証明

通常の刑事手続では、原則として、犯罪事実を主張・証明する責任

（挙証責任）を検察官が負います。刑訴法は、刑事裁判で使うことのできる証拠を厳格に制限しています。検察官は、そのルールの範囲内で、犯罪事実の存在と、犯罪行為者が被告人であることを主張・立証しなければなりません。ここで目指す証明は、自然科学の世界における証明ではなく、「歴史的証明」と呼ばれるものです。しかし、人間は、過去の一時点の歴史的・社会的な出来事について、価値中立な絶対的事実を認識することはできません。そこで、裁判所は、検察官の主張・立証が合理的な疑いを超える程度に達しているといえれば、訴訟上は証明が行われたとみなして、有罪であると認定することができます。もし、健全な社会常識に照らして、被告人が有罪であることに少しでも疑問が残れば、裁判所は「犯罪の証明がない」として無罪を言い渡さなければなりません（刑訴法336条）。

被告人は、無罪を証明する責任や義務を負いません。ある出来事や物事が「ないことの証明」は、悪魔の証明と言われます。「ないことの証明」は、想定されるすべての可能性に反論・反証する必要があるため、極めて困難です。仮に、被告人に無罪を証明する責任や義務を負わせる場合、その証明に失敗すると、被告人は無実であっても処罰されることになってしまいます。これは、「疑わしきは被告人の利益に」という近代刑事裁判の大原則に反する事態です。

刑事裁判では、清廉潔白の無罪と灰色無罪を区別しません。端的に、「犯罪の証明がなければ、無罪」です。「有罪」になるかどうかは、挙証責任を負う検察官が、刑訴法が許容する証拠やルールに基づいて、被告人の犯罪事実を合理的な疑いを容れない程度に証明できたかどうかで決まるからです。そのため、現行犯人であっても、無罪となる場合があります。たとえば、被告人が規制薬物を所持した疑いで起訴された事例を想定します。裁判の過程で、職務質問の際に被告人が拒んでいるのに警察官が被告人のスーツの胸ポケットに手を入れたり、手提げバッグを取り上げて中身を出し、これによって規制薬物を発見したことがわかったとします。本来、このような捜査は、相手方の同意・承諾を得るか、裁判官が発付した捜索・差押許可状に基づかなければなりません。そこで、違法な捜査活動を理由に、所持していた禁制薬物を証拠として用いることが禁じられることがあります(違法収集証拠排除法則)。もし、この証拠が、禁制薬物の所持を証明する唯一の証拠であった場合、他に犯罪を証明する証拠がなくなります。このような場合、裁判所は、「犯罪の証明がない」として無罪を言い渡さなければなりません。刑事裁判で明らかにしようとする「真実」は、絶対的真実ではありません。刑事裁判は、絶対的真実を究明する力を持ちません。あくまでも、訴訟法的に認定できる限りの「真実」を追い求める場に過ぎないのです。

本書冒頭の小説「えんざい」では、第一回公判で、検察官が起訴状を朗読しました(Scene5)。小野さんの刑事裁判の審判対象は、検察官が朗読した事実(検察官が主張する仮説=「公訴事実」といいます)が、刑訴法が許容する証拠やルールに基づいて、合理的な疑いを容れない程度に立証されたかどうかです。それ以外の事柄(被告人の性格、態度、友人からの評判など)は、この審判対象と直接に関係がありません。前科・前歴も、前科があること自体が犯罪を構成する要素である場合(常習累犯窃盗など)などを除き、審判対象と直接に関係がありません(有罪が認定された後で、いかなる刑罰を科すかを判断する際に、これらの事柄が考慮されることはあります)。

裁判官は、検察官が主張する公訴事実について、検察官が示した証拠に基づいて「合理的な疑いを容れない程度」にまで証明されたかどうかを判断します。証拠の証明力評価は、裁判官・裁判員の自由心証に委ねられています(刑訴法318条、裁判員法62条)。つまり、ある証拠が、ある事実の存在を推認させるかどうか、どの程度推認させるかに関する評価は、裁判官・裁判員による論理則・経験則(科学法則や常識的な法則)に従った判断に委ねられています。

⑵　調書裁判・自白偏重主義

日本の刑事裁判は、長い間、「調書裁判」と言われてきました。これは、法廷で実際に交わされるやり取りよりも、捜査段階で作成された調書などの書面を重視する姿勢を言い表した言葉です。裁判官が、裁判官室に書面を持ち帰って精読して心証を形成することを、批判的に捉えた言葉でもあります。法廷で被告人が話したことよりも、捜査段階の供述を記した調書の方が信用できるという判断も珍しくありません。裁判員裁判の導入に伴い、このような調書裁判を維持できなくなった結果、公判廷におけるやり取りが以前よりも重視されるようになりました。裁判員裁判の対象とならない事件でも、以前よりは公判廷におけるやり取りが重視されています。しかし、捜査段階の自白を録取した調書に重きを置く傾向は、依然としてみられます。

本書冒頭の小説「えんざい」で、小野さんは公判廷で否認しています。弁護人も、小野さんが捜査段階で自白した理由について、「罪を認めないと、実刑になって、就職活動ができなくなると、怖くなって、罪を認めた」と説明しています(Scene5)。しかし、裁判所は、法廷における小野さんの発言よりも、取調官が一人称独白型物語形式で書いた捜査段階の供述を重視しました(Scene6)。小野さんの否認や弁護人の説明を前提とすれば、有罪になって前科が付けば就職に不利になるとわかっているのに、釈放されて就職活動をするために自白したことになり、これは「矛盾していて不合理である」と判断されました。また、「ジェームズ・ミク」という名前の由来や、犯行動機など、犯人でなければ語ることのできない内容が具体的かつ詳細に語られているとして、捜査段階の自白は十分信用できると認定されたのでした。

(3) 検察官による証拠独占と無罪方向証拠の非開示

検察官は、収集したすべての証拠を裁判所に提出するわけではありません。被告人の有罪を立証するために必要な証拠(被告人にとって不利な証拠)を裁判所に提出します。そのため、公判に提出されない「公判未提出証拠」が存在します。この中には、無罪方向の証拠(被告人にとって有利な証拠)が含まれていることがあります。しかし、証拠は検察官に独占されており、公判未提出証拠が常に開示されるわけではありません。

本書冒頭の小説「えんざい」では、脅迫メールの送信元と小野さんの自宅パソコンのIPアドレスが一致したことが、有罪の決め手となりました(Scene6)。IPアドレスが一致した事実は、パソコン自体によって証明されているのではなく、捜査機関がパソコンを操作して得た「IPアドレスに関する捜査報告書」によって証明されています。公判廷に、パソコン自体は提出されていません。小野さんは、パソコンを調べてほしいと訴えていました。しかし、パソコンは検察庁が保管していますから、小野さんやその弁護人が調べることはできませんでした(Scene5)。

冤罪事件・誤判研究が示す冤罪原因

ここまで、本書冒頭の小説「えんざい」に沿って、冤罪に繋がる可能性があった点を見ました。過去の再審無罪事例や国内外の誤判原因の研究によれば、それ以外にも、さまざまな冤罪原因が指摘されています。多くの誤判研究は、冤罪原因として、①虚偽自白、②共犯者供述による引っ張り込み、③誤った目撃供述、④誤った科学的証拠・科学鑑定とその過信を挙げます。また、人間が回避できないバイアスの影響や、警察や検察の不正、不十分な弁護活動なども指摘されています（本書が参考にした誤判研究は、Part1の末尾「参考文献」で紹介しています［→70頁］）。過去の再審無罪事例は、これらの冤罪原因が複合的に生じうることを示します。これにより、誤った事実であっても、一見すると他の状況や証拠と整合し、「もっともらしい事実」に見えることがあります。すでに述べたように、刑事裁判で明らかにしようとする真実は、絶対的真実ではありません。検察官が主張する仮説＝公訴事実が、刑訴法が許容する証拠やルールに基づいて、合理的な疑いを容れない程度に立証されたかどうかが争点です。さまざまな冤罪原因が複合的に生じた場合、一見すると他の状況や証拠と整合し、もっともらしい事実が「立証」されます。このとき、合理的な疑いを容れる余地があると見抜くことは、極めて困難です。

1　虚偽自白

虚偽自白は、冤罪原因として常に筆頭に挙げられます。虚偽自白と聴くと、肉体的・精神的な拷問や、それに類する取調べによって、自らの意思に反して無理矢理に自白させられる場合を想定するかもしれません（免田事件、梅田事件、袴田事件など）。しかし、それ以外にも、自らの意思で偽りの自白を行う場合がありえます。被疑者が、何を言っても無駄であると絶望して諦めたり、身体拘束からの解放などを期待して自白することがあるためです（氷見事件、足利事件など）。本書冒頭の小説「えんざい」における小野さんの自白も、これに当たるでしょう。その他にも、捜査機関が、被疑者が取調官に抱いた恋愛感情を利用して虚偽自白を引き出した事件もあります（湖東事件）。

本書の「冤罪」の定義には当てはまらないものの、長時間の取調べや食事・排泄の制限、踏み字による自白強要が問題視された事件もあります（志布志事件）。この事件は、存在しない公職選挙法違反を捜査機関が作り上げて、13名の無実の人を起訴した事件です。捜査の過程で、捜査官が一連の事件の被疑者の一人だった川畑幸夫さん（不起訴）に対し、孫の名前とともに「早く正直なじいちゃんになってください」と紙に書いたり、川畑さんの父親の名前とともに「お前をこんな人間に育てた覚えはない」と紙に書いて、川畑さんの足を持ってその紙を踏ませていたこともわかっています。

被疑者は、警察署内の留置場に収容されることで、自身に疑いをかけている捜査機関の管理下に置かれます。すでに述べたように、弁護人が取調べに立ち会うことは認められていません。黙秘権を行使しても取調べが中止されずに、朝から晩まで連日のように行われることも珍しくありません。また、本来の狙いである犯罪事実（本件）とは別の犯罪事実（別件）で逮捕・勾留して（別件逮捕・勾留）、本来の狙いである犯罪事実について取調べを行うこともあります。殺人（本件）の疑いをかけた被疑者について、友人から借りた本を返していない事実を横領として取り上げ（別件）、横領の逮捕・勾留期間に殺人に関する取調べを行うような場合が、これにあたります。捜査官が、代用刑事施設で被疑者と同房者となる者を選定し、内通者として利用した例もあります（松山事件、引野口事件など）。

取調べでは、時には罵声や暴言を浴びせられたり、家族や知人も捜査すると言われたり、「自白すれば保釈が期待できる」などの甘言を囁かれたりします。身体拘束された被疑者は、肉体的・精神的疲労で消耗し、正常な判断や供述が困難になるなど、自由意思を保つことが危うくなります。このような状況では、自身が罪責を負うかどうかよりも、身体拘束と連日の取調べがいつまで続くかということの方が切実な問題となります。被疑者が、自身に不利となる虚偽自白をしてしまう背景には、このような事情が見受けられます。

捜査機関は、このような事情をよく知っています。かつて、愛媛県警察の警察官のパソコンから、ファイル共有ソフト「Winny」を介して、「被疑者取調べ要領」という取調べマニュアルが流出したことがありました。このマニュアルには、「調べ室に入ったら自供させるまで出るな」「否認被疑者は朝から晩まで調べ室に出して調べよ。(被疑者を弱らせる意味もある)」などと書かれています。捜査機関が被疑者を意識的に消耗させ、何が何でも自白を得ようとする姿勢がうかがわれます(この件は、2005年4月12日の衆議院法務委員会でも取り上げられています)。

逮捕・勾留されていない場合(いわゆる任意同行中の取調べ)であっても、4泊5日の宿泊を伴う取調べが行われた例や、部屋から退去しようとする被疑者の手首を警察官が両手で掴んで阻止した例があります。裁判所は、4泊5日の宿泊を伴う取調べで得られた自白を許容したり、被疑者の手首を警察官が掴む行為を適法であると判断しています。

日本の取調べでは、捜査機関が期待する供述が得られるまで、さまざまな方法で説得・質問・発問が繰り返されます。孤立無援の取調室や、代用刑事施設問題、取調べ受忍義務などのさまざまな要素も、虚偽自白を誘発する危険性を高めます。刑事法学では、取調べの適正化が常に重要論点として議論されてきました。国連の各種委員会なども、自白強要に繋がる日本の取調べ手続や身体拘束の実態について、何度も改善を勧告してきました。2016年の刑訴法改正で取調べ録音・録画制度が一部実現したものの(刑訴法301条の2)、取調べが抱える問題は現在も残されています。

2 共犯者供述による引っ張り込み

被疑者Aは否認しているものの、Aと共犯関係にあると疑われたBやCが、Aの関与を供述することによって、Aが巻き込まれる場合もあります。BやCが犯罪に関与しており、自分の罪責を軽くするためにAを巻き込む場合のほか、AだけでなくBやCも犯罪事実と無関係である場合もあります。BやCが「供述弱者」(知的障害・精神障害を抱えている者)である場合、この問題は特に深刻化します。

供述弱者と呼ばれる者は、誘導や暗示を受けやすく、取調官に迎合し、実際に体験していないことであっても取調官の思い通りの内容を供述することが知られています。供述弱者であるBやCの供述が一致しており、Aの関与を一様に述べたとき、Aに対する疑いや有罪心証は色濃くなります(大崎事件)。もちろん、共犯者BやCの自白を得る際にも、「1 虚偽自白」で述べた問題が存在することは、言うまでもありません。

被疑者Aと共犯関係にあると疑われたBやCが供述弱者ではないとき、BやCの供述が一致しているのであれば、被疑者Aの関与の有無や関与形態に関する供述は信用できるのではないかと考える方がいるかもしれません。しかし、共犯者BやCには、他者である被疑者Aを引っ張り込んだり責任転嫁する利益があるため、とても危険です。その一方で、共犯者本人との関係では自白であり、信用されやすいという特徴があります。共犯者が記憶通りに供述している場合であっても、それが捜査機関の見立てと矛盾するときは、共犯者供述が他者を引っ張り込む危険が生じます。捜査機関にとっては、見立てと異なる共犯者供述は、虚偽と映ります。共犯者は、捜査官の見立てに沿って供述を変え、誤った供述を行なった方が、自身が負う不利益を少なくすることができると期待します。そのため、他者を引っ張り込んだり責任転嫁する動機が強まります。その証拠価値は、慎重に判断されなければなりません。誤判研究も、共犯者供述を冤罪原因として常に危惧しています。

ちなみに、再審無罪判決に至った事件の中には、「切り違え尋問」という手法が用いられたものもあります(布川事件)。これは、取調官が、Aに対しては「Bは、あなたと一緒に犯行に及んだと自白しているから、否認しても無駄だし、否認し続けると損をするぞ」と言い、Bに対しては「Aは、あなたが計画して誘ってきたと言っているけど、どうなんだ」などと伝え、AとBをともに不安な状態に置いたり、互いに疑心暗鬼に陥らせたりして、AとBからそれぞれ自白を得ようとする方法です。

3　誤った目撃供述

捜査手続では、犯行やその前後の状況などを目撃した参考人を探し、その供述を得ることがあります。参考人・目撃者となるのは、被害者の場合もあれば、第三者の場合もあります。被害者を含む目撃者が、捜査や裁判で供述する場合、①過去に体験して知覚した事実を、②供述するときまで記憶し、③その記憶に基づいて表現する過程を経ます。しかし、まず①の段階で、人間の認知・知覚には、見間違いや聞き間違いがしばしば生じます。認知・知覚の誤りは、目撃した環境・状況によっても生じます。正確に知覚したとしても、今度は②の段階で、他の事柄と記憶が混ざったり、記憶が減退することもあります。正確に知覚・記憶していたとしても、さらに、③の段階で、知覚・記憶と異なる形で表現・叙述されることもあるでしょう。目撃者が嘘をつく場合はもちろん、誠実に供述しても記憶と異なるニュアンスで表現されたり、質問者の尋ね方に影響されることによって、誤りが生じることがあります。

誤った目撃供述は、捜査の初期段階でも行われることがあります。捜査手続では、被疑者を特定する前に、本件以外で逮捕された第三者を含む写真を目撃者に多数見せて、目撃した人物が写真の中にいるかどうかを尋ねることがあります(「写真面割」といいます)。また、被疑者を特定した後で、目撃者に被疑者を確認させて、目撃した人物と同一であるかどうかを確認することもあります(「面通し」といいます)。写真面割や面通しは、捜査機関が目撃者に予断や先入観を与えないように、適切に説明することが不可欠です。また、写真面割は、写真の枚数・特徴などを適切に設定したり、似た人物の写真を一定数提示しないと、暗示や誘導に繋がる危険性を持っています。

写真面割や面通しを含む目撃供述の危険性は、心理学の領域などのさまざまな実験によって指摘されてきました。典型的には、「言語隠蔽効果」(人の顔などの非言語情報を記憶した後で、記憶を言葉で表現すると、その記憶の精度が下がり、記憶を正確に思い出せなくなる現象)や、「事後情報効果」(目撃者の記憶が、供述までの間に、報道やSNS情報などの事後情報によって変容する現象)などが知られています。そこで、日本でも、法と心理学会が「目撃供述・識別手続に関するガイドライン」を公表し、目撃供述の危険性を指摘したり、聴取手続について心理学的知見を踏まえた具体的提案をしています。しかし、このガイドラインは、捜査実務では採用されていません。

近時も、写真面割が問題視された事件がありました。2023年1月、大阪の飲食店内で起こった傷害事件の裁判で、大阪地方裁判所が捜査段階で警察の行なった写真面割を批判しました。この事件で、被告人Aは、知人と訪れた飲食店で、他の客同士のトラブルに乗じて、被害者の顔を殴って骨折させたという傷害の疑いがかけられていました。当時、飲食店には、他の客も複数いました。そこで、捜査機関は、被疑者を特定するために、被害者に対して写真面割を行いました。写真を見た被害者は、自分を殴ったのはＡである旨の目撃供述を行いました。裁判では、被害者の目撃供述が信用できるかどうかと関連して、捜査機関による写真面割の方法が問題となりました。そして、審理の過程で、捜査機関が、Ａともう一人の計２枚の写真のみを被害者に見せて犯人識別を行なっていたことが判明しました。裁判所は、この方法について、暗示性が強い方法であると批判し、それによって被害者の記憶が変容した可能性も指摘しました。結果として、判決では、被害者が相当量の飲酒をしていたことも踏まえ、被害者の目撃供述の信用性が否定され、Ａは無罪となりました。しかし、ガイドラインが提案する方法が採られていれば、本件はそもそも起訴されていなかったかもしれません。

4　誤った科学的証拠・科学鑑定とその過信

科学技術の進展に伴い、専門的知見を活用して情報を得る方法が発達しました。たとえば、犯行現場に残された血痕は、一般人にとっては「血痕」以上の意味を持ちません。しかし、専門的知見を活用すれば、そこから血液型やDNA型などの情報を得ることができます。科学的・専門的な知見を活用して得られる科学的証拠は、犯罪捜査の科学化をもたらし、刑事裁判でも重要な役割を果たしてきました。多くの場合、科学的証拠それ自体が裁判に提出されるのではなく、専門家が作成した「鑑定書」が提出されます（専門家が証人として証言し、尋問を受けることで、鑑定書の証拠価値を確認することもあります）。

鑑定結果は、専門家の高度な知見によって引き出されたものです。そのような知見を持たない者は、鑑定結果の意味を正しく評価することが難しいことから、科学的証拠や鑑定結果に触れた者は、証拠としての価値を見誤ったり過信する危険があります。その典型例として、ここでは

DNA型鑑定が示す科学的証拠の危うさを取り上げます。

⑴　DNA型鑑定

DNA型鑑定は、DNAの構造のうち、アデニン（A）、グアニン（G）、シトシン（C）、チミン（T）という４つの塩基の配列パターンや繰り返し回数に着目して、個人の絞り込みを行う技術です。配列パターンや繰り返し回数は、個体によって異なります。そこで、これらを解析し、確率論的な推計を経れば、高い精度で個人を絞り込めると言われます。現場残留物から検出したDNA型と捜査対象者のDNA型の同一性が認められれば、高い精度で個人の絞り込みができるという仕組みです。つまり、DNA型鑑定は、個体の遺伝情報を特定・比較して同一性を判断する手法ではなく、塩基配列の繰り返し回数を数えた結果を比較して同一性を判断する手法です。

DNA型鑑定は、塩基配列の繰り返し回数を測る目盛り（マーカー）などに関する技術的問題や、不注意によるミスや取り違えなどの人為的ミスが生じる余地があります。鑑定対象となる資料の保管状況や汚染度なども、鑑定結果を左右します。確率論的な推計の過程で、専門家の理解・解釈が介在することもあります。我々は、「DNA型鑑定の結果である」と言われると、その内容を安易に信用しがちです。しかし、DNA型鑑定は、技術面についても、個別の実施方法についても、さまざまな検証を経なければならないものです。

その問題点が顕在化した事件の一つが、1990年に発生した足利事件です。足利事件では、被告人の自白のほかに、有罪を支える証拠としてDNA型鑑定が重視されました。しかし、この事件で科学警察研究所が行なったDNA型鑑定（MCT118法）は、その後の技術に基づく再鑑定の結果、誤りであったと判断されました。現在は、MCT118法は用いられていません。しかし、当時は、個人識別技法として極めて優れた方法であると考えられ、捜査に活用されました。ここで重要なことは、科学技術の進展に伴い、現時点で最先端とされる科学的技術・知見であっても、事後的に誤りであるとして修正されうることです。もっとも、足利事件のDNA型鑑定の問題は、塩基配列の繰り返し回数を測る際に不適切な目盛り(123ラダーマーカー)を使用したことによって、繰り返しパターンを読み間違えたことにありました。さらに、足利事件では、被告人のDNA型に加え、被害者の下着に付着していた体液のDNA型についても読み間違えていたことがわかっています。このような原始的・人為的ミスは、高度な技術を活用できるようになっても常に生じうるものです。足利事件は、科学的証拠を過信することの危うさを示す事件の一つです。

なお、足利事件と同時期に発生した飯塚事件でも、有罪を支える証拠としてDNA型鑑定が重視されました。飯塚事件では死刑判決が宣告され、これが確定していました。飯塚事件のDNA型鑑定も、足利事件と同時期に、科学警察研究所がMCT118法を用いて実施したものでした。ところが、足利事件の冤罪可能性が注目されていた2008年に、飯塚事件の元被告人に対する死刑が執行されました。飯塚事件では、鑑定試料が捜査段階で全量消費されており、再鑑定を行うことができませんでした。DNA型鑑定の鑑定書に添付された写真が作為的に切り取られているなど、鑑定過程の問題点をうかがわせる事情も存在します。それにもかかわらず、飯塚事件では死刑が執行されています。有罪の確定判決が認定した事実に、合理的な疑いを容れる余地が生じていたとすれば、誤った有罪判決に基づいて死刑が執行されたことになります［Column→72頁］。

⑵　科学的証拠を用いるルール・注意点

もっとも、進展した科学技術を犯罪捜査や刑事裁判に活用すべきことに、争いはないでしょう。問題は、どのようなルールに基づいて活用すべきか、です。アメリカには、科学的証拠を証拠として用いるルールとして、「ドーバート基準」と呼ばれるものがあります。刑事裁判で科学的証拠を用いるためには、①理論または方法が検証可能であるか、②理論または技術が関連する科学的コミュニティで点検されたり公表されているか、③特定の技術について、よく知られているか潜在的な誤差率があるか、④理論または技術が関連する科学的コミュニティで一般に受け容れられているかを、裁判官が事前に判断しなければなりません。この基準は、刑事裁判からジャンク・サイエンス(「似《え》非《せ》科学」)を排除する狙いがあります。

日本では、ドーバート基準のような、科学的証拠を証拠として用いるためのルールが設けられていません。また、科学的証拠が持つ意味を正しく評価することは難しいにもかかわらず、その証拠価値(信用性)の判断は、裁判官の「自由な心証」に委ねられています(刑訴法318条)。加えて、鑑定機関の中立性を問題視する声もあります。捜査段階で行われる科学的証拠の分析の多くは、警察庁の附属機関である科学警察研究所(科警研)や、都道府県警察の刑事部に設置された科学捜査研究所(科捜研)で行われるためです。その他、鑑定資料の採取・鑑定方法、鑑定者の能力などを踏まえて、鑑定結果の信用性を慎重に判断しなければなりません。資料の廃棄・汚染を防ぐことや、再鑑定のための資料を確保しておくことも重要です。

5 その他

⑴ 人間の先入観

心理学では、人間は「確証バイアス」から逃れられないと言われます。確証バイアスとは、自分が抱いた予想や期待に合う情報を選択して物事を認知する傾向を指します。人間は、形成した信念やアイディアに固執し、自らの予想や期待に合う情報を無意識に選択し、矛盾する事実や情報を見過ごす傾向があるというものです。被疑者が「犯人」であると考えた捜査機関は、無罪方向の事実や証拠に接しても、それらを無意識に軽視したり無視する可能性が常に存在します。確証バイアスを含む認知バイアスは、人間が自らを肯定的に捉えたときに生じやすいと言われます。そのため、刑事裁判や、その前提としての犯罪捜査に携わる者は、熱心かつ誠実に職務を遂行しようとすればするほど、確証バイアスから逃れられず、視野狭窄（トンネル・ヴィジョン）に陥る可能性があります。バイアスによる認知の歪みや視野狭窄は、人間であれば誰もが陥ります。これは、刑事司法を担う専門家であっても、例外ではありません。

また、刑事司法を担う者たちは、日常的に犯罪処理を行う過程で、罪を犯したことが証拠上明らかな者や、自らの罪を深く悔い反省する者と多く接します。ここにも、各人が確証バイアスの影響を受けたり、「犯人視」や「有罪慣れ」に陥る危険があります。ここで想定しているのは、捜査機関や裁判所だけではありません。もちろん、捜査機関が、被疑者を「犯人視」したり、見込み捜査を行うこともあるでしょう。検察官も、起訴した事件について何がなんでも有罪判決を得ようとして、自らの主張や証拠に疑問が生じた後も有罪主張を維持するかもしれません。裁判所も、多くの被告人と接する中で、「有罪慣れ」することがあるかもしれません。弁護人も、捜査段階から十分な防禦活動を行わなかったり、被疑者・被告人が有罪であることを前提に、もっぱら量刑(刑罰の内容やその軽重)に着目して弁護することがあるかもしれません。そして、事件を取材するメディアや報道に触れた市民も、このような先入観を無意識に形成して、「有罪推定」を強く支えたり有罪を期待することがあるかもしれません。

これらは、個々人の意識の問題ではありません。刑事司法手続の構造上、被疑者・被告人を有罪と思い込む危険性が常に存在するという問題です。捜査・裁判手続や誤判救済手続は、このことを強く意識して構想・設計することが重要です。

⑵ 捜査機関の証拠隠し・ねつ造

すべての刑事事件では、捜査機関が「犯罪があった」と考えて捜査を開始します。捜査機関が認知バイアスの影響を受けて捜査を進めた後、他の物証を無視して自白するように追及したり(氷見事件など)、無罪方向の不都合な証拠を隠すことがあります(松川事件、梅田事件、松橋事件など)。有罪方向の証拠が乏しいとき、証拠をねつ造することもあります(白鳥事件、財田川事件、松山事件、郵便不正事件など)。捜査機関が、重要な証拠を「紛失」したり、廃棄することもあります(免田事件、平野母子殺害事件など)。

これらの中には、通常審段階で無罪方向の証拠も含めた証拠開示が行われていれば、起訴や有罪判決に至らなかったと思われる事件もあります。しかし、通常審段階における全面的な証拠開示は行われていません[→108頁]。Part2「日本の再審はどうなっているの?」で述べるように、有罪判決が確定した後、再審を請求する段階に至って、無罪方向の未開示証拠がようやく開示されることもあります。

なお、2023年3月に再審開始が確定した袴田事件でも、再審開始決定の中で、捜査機関が証拠をねつ造した疑いが指摘されています[→116頁]。

Topic

証拠による証明

ここまで紹介した冤罪原因は、複合的に生じることも珍しくありません。これが証拠による事実の証明・認定過程でどのように作用するかをイメージするために、刑事裁判における事実の証明が、実際にどのように行われるかについて、触れておきます。

検察官が主張する事実は、5W1H（誰が〔Who〕、いつ〔When〕、どこで〔Where〕、誰に対して〔Whom〕、何を〔What〕、どのようにしたか〔How〕）を明確にしなければなりません。本書冒頭の小説「えんざい」で、検察官が読み上げた起訴状も、5W1Hを意識して構成されていますので、確認してみてください（Scene5）。

刑事裁判で提出される証拠は、この5W1Hの事実に対応している必要があります。犯罪事実を直接に証明する証拠（直接証拠）が常に得られれば、検察官は自らの主張を立証しやすくなります。直接証拠の具体例は、被告人本人の自白や、犯行の一部始終を鮮明に記録した監視カメラ映像や、犯行を目撃・体験した目撃者の証言などです。しかし、直接証拠が常に得られるわけではありません。そのため、検察官は、犯罪事実の存在を推認させる事実（間接事実）を証明する証拠（情況証拠）を収集・提出し、それを積み重ね、推認過程を経て犯罪事実を証明しようとすることもあります（「推認」とは、すでにわかっていることから推測して、ある事柄が事実であろうと認定することです）。

ここでは、例として、被告人Ａが、「犯行現場Ｐで被害者Ｖをナイフで刺して殺害した」という殺人の疑いをかけられている場合を想定します。①被告人Ａの自白や、②犯行の一部始終を目撃していた目撃者の証言や、③犯行の一部始終を録画した防犯カメラの映像などの直接証拠は、その情報が十分信頼できる場合には、推論を要さずに論理必然的に犯罪事実(Aの殺人行為)の存在を証明できる証拠です。

直接証拠が得られない場合でも、検察官は、犯罪事実の存在を推認させる間接事実を情況証拠によって証明し、それを積み重ねることで、被告人Aの殺人行為を証明しようとします。たとえば、④犯行現場Pの灰皿に遺棄されたタバコの吸い殻から、被告人AのDNA型が検出されたことを示す鑑定書は、「(時期は不明であるものの)被告人Aが、犯行現場Pにいた事実」を推認させます。⑤被害発生時刻の前後に、犯行現場P付近の道路上で、被告人Aが所有する車と同種・同色の車を見たという目撃者の証言は、「目撃時間帯(=被害発生時刻前後)に、被告人Aが犯行現場P付近にいたこと」を推認させます。④⑤は、「被害発生時刻に、被告人が、犯行現場Pにいた」という事実を推認させます。その他、⑥被害発生の5日前に、被告人がインターネットでナイフを買った購入履歴、⑦上記⑥ナイフの形状と、被害者Vの遺体に残された傷跡が合致することを示す解剖医の鑑定書、⑧被告人Aが、被害者Vの悪口を書き込んでいたSNS投稿記録などが提出されるかもしれません。⑥⑦は、被告人Aが、犯行に用いられたナイフを所持していたことを推認させます。⑥は犯行の計画性を推認させるために、⑧は犯行動機があることを推認させるために、証拠として提出されるかもしれません。④〜⑧の各間接事実は、それぞれ単体では、被告人Aが被害者Vを殺害したことを証明できません。しかし、情況証拠によって推認・証明できる間接事実を積み重ね、推認過程を経ることで、犯罪事実を証明する場合があります。その推認過程では、論理則・経験則という一定の評価が介在します。

自白は、検察官が主張する5W1Hの事実を一挙に証明できる証拠です。自白が証拠の中で重要な位置に置かれる一方、虚偽自白による冤罪を防止するための取調べ改革が常に主張されてきた背景には、このような理由があります。上記②⑤目撃証言は、目撃者が体験した事実を適切に聴き出すことが前提となるため、その聴取方法などが重要です。上記④⑦は、専門家による鑑定を経ます。その鑑定を行なった人の資格や能力、鑑定資料の収集・保管状況、手法の基となる科学的理論・技術の確実性や検証可能性、個々の鑑定の具体的手法の適切性、データと評価の適切性などが問題となりえます。

なお、直接証拠と情況証拠は、推認過程を経る必要があるかどうかが異なるだけで、証拠としての優劣はありません。ただし、情況証拠は、犯罪事実を直接に証明できません。そのため、最高裁判所は、「情況証拠によって認められる間接事実の中に、被告人が犯人でないとしたならば合理的に説明することができない（あるいは、少なくとも説明が極めて困難である）事実関係が含まれている必要がある」と判示しています（平野母子殺害事件上告審判決〔最判平22・4・27刑集64巻3号233頁〕）。

日本の冤罪事件

1 冤罪事件を分類する難しさ

Part1の冒頭で述べたように、「冤罪」の意義は多義的です。また、整理・分類する基準も、さまざまなものが考えられます。たとえば、ここまで挙げた冤罪原因を基準に、「虚偽自白に起因するもの」や「誤った科学鑑定に起因するもの」などと整理することもできます。しかし、冤罪原因は複合的に生じ、相互に影響し合うことが多いため、どれを主たる冤罪原因として分類するかは困難です。

再審無罪判決に至った著名な事件や、日本弁護士連合会が支援する再審請求事件などのうち、近時の事件を見てみると、次のような分類もできそうです。①事故が犯罪として認識されたり、存在しない犯罪が作り上げられたもの(大阪強姦事件、東住吉事件、湖東事件など)、②犯罪は存在するものの、真犯人が他にいるもの(氷見事件、足利事件、布川事件、東京電力女性社員殺害事件、松橋事件、袴田事件など多数)、③犯罪の存在や犯人性は認められるものの、確定判決で有罪の決め手となった証拠が違法捜査によって収集されたものであることが判明するなどして証拠から排除され、有罪を維持できなくなったもの(ロシア人おとり捜査事件)などです。

ここまで読み進めて、冤罪に対する関心や危機感を持った方も多いでしょう。しかし、冤罪事件として著名な事件の多くは、殺人事件などの重大事件です。そのため、著名な重大事件を前提に分類すると、どこか他人事《ひとごと》のような感覚を拭えないかもしれません。

2 再審事件の概況

そこで、冤罪を身近に感じていただくために、犯罪類型別に分類する方法が有効かもしれません。私たちの生活の中で、比較的身近に起こっているタイプの犯罪でも、冤罪の可能性があるとわかるためです。しかし、公刊物に掲載されていない事件も多く存在するため、詳細を把握・整理することが困難です。そこで、以下では、さまざまな犯罪で再審手続が用いられていることを示すために、再審事件に関する統計を紹介します。以下の統計データは、最高裁判所事務総局刑事局が『法曹時報』という雑誌で毎年公表している「◯◯年における刑事事件の概況(上)」を参考にしています。

⑴　再審請求事件のうち既済人員の罪名

まず、再審を請求している者の罪名を見てみます。以下で挙げる罪名は、有罪の確定判決を受けた後で再審を請求した人員のうち、既済処理された者の罪名です。この中には、法が要求する方式に違反していることを理由に請求が棄却されたものや、再審開始理由が存在しないことを理由に請求が棄却されたものも多く含みます(Part2「5　再審請求事件と再審事件の概況」[→101頁])。再審請求手続に必要な形式も実質も備わっていないまま、とりあえず再審請求したものもあるでしょう。そのため、ここで挙げる罪名をことさらに重視することには、あまり意味がないかもしれません。しかし、重大事件でなくても、誤った有罪判決を受けたとして救済を求める者がいることをうかがい知ることはできるはずです。

2021年に再審を請求した人員のうち、既済処理された者の罪名で最も多いのは、傷害です(24名／通常訴訟事件と略式命令請求事件の合計人員です。以下同じ)。次に多いのが、公務執行妨害です(23名)。誰もが処罰される可能性のある過失犯を見ると、過失傷害(１名)、業務上過失傷害(１名)、過失運転致傷(５名)、過失運転致死(１名)で有罪判決を言い渡された者が、それぞれ再審を請求しています。身近な罪名としては、道路交通法違反もあります(６名)。その他、公職選挙法違反(３名)、所得税法違反(１名)、労働安全衛生法違反(１名)、都道府県条例違反(４名)なども見られます。本書冒頭の小説「えんざい」の小野さんと同じ威力業務妨害も見られます(３名)。

なお、過去には、金融商品取引法違反(2020年)、著作権法違反、宅地建物取引業法違反、道路法違反(いずれも2019年)、自動車損害賠償保険法違反(2018年)、商標法違反、旅行業法違反(いずれも2017年)、受託収賄、法人税法違反、商法違反、補助金等に係る予算の執行の適正化に関する法律違反、廃棄物の処理及び清掃に関する法律違反（いずれも2016年）なども見られました。

⑵　再審開始決定がなされた事件の罪名

次に、再審開始決定がなされた事件の罪名を見てみます。もっとも、Part2で述べるように、再審開始のハードルは極めて高く、その数は多くありません。また、再審開始決定がなされても、その後に再審公判が控えています。以下で挙げる人員が、すべて再審無罪判決に至っているわけではありません。

2021年に再審開始決定がなされた事件の人員は１名で、罪名は所得税法違反でした。2020年に再審開始決定がなされた事件はありません。2019年は、過失運転致傷１名、道路交通法違反３名の計４名について、再審開始決定がなされました。2018年は、強盗致死１名（日野町事件〔強盗殺人〕）、自動車損害賠償保険法違反１名、道路交通法違反１名の計３名について、再審開始決定がなされました。

2013年から2017年までの５年間では、（準）強姦１名（大阪強姦事件）、殺人４名（松橋事件、大崎事件の２名、湖東事件）、暴行１名、強盗致死１名（袴田事件〔強盗殺人〕）、銃刀法違反１名（ロシア人おとり捜査事件）、商標法違反１名、道路交通法違反441名、過失運転致傷３名について、再審開始決定がなされました。道路交通法違反で再審開始決定がなされた441名のうち、430名近くの者は、自動速度違反取締装置の誤操作によって道路交通法違反とされていた事件で、検察官が再審請求したものです。

⑶　再審事件の終局人員とその罪名

2017年から2021年までの５年間に再審事件の手続を終えた人員は、13

名でした。この13名は、全員が無罪となっています。その罪名と人員は、殺人２名(松橋事件、湖東事件)、銃刀法違反１名(ロシア人おとり捜査事件)、商標法違反１名(いずれも本人側による再審請求)、過失運転致傷２名、自動車損害賠償保険法違反１名、商標法違反１名、道路交通法違反６名です。

2012年から2016年までの５年間に再審事件の手続を終えた人員は、455名でした。このうち、453名が無罪となり、２名が他の裁判管轄に移送されました。無罪となった453名には、上記の通り、自動速度違反取締装置の誤操作によって道路交通法違反とされていた者が多く含まれます。無罪判決を言い渡された者の罪名と人員は、証拠隠滅２名、強姦１名(大阪強姦事件)、殺人２名(東住吉事件の２名)、強盗殺人１名(東京電力女性社員殺害事件)、詐欺１名、暴行２名(いずれも本人側による再審請求)、業務上過失傷害１名、自動車運転過失傷害４名、道路交通法違反429名です。

⑷　実は身近な冤罪事件

以上のように、⑴〜⑶を見ると、道路交通法違反や、運転者であれば誰もが犯しうる過失運転致傷など、身近な罪名も少なくありません。職務・業務と関連する罪名や、政治活動と関連する罪名も見られます。また、自動速度違反取締装置の誤操作などによって誤って有罪判決を言い渡されうることもわかります。さらに、犯罪事実を争わずに略式命令が請求され、罰金刑が確定した人が、後に再審を請求して無罪判決に至る場合も見られます。略式命令手続は、比較的軽微な事件を簡易・迅速に処理する手続で、被疑者に異議がないことを条件に、100万円以下の罰金または科料を宣告するものです。略式手続で罰金刑が確定した人の中には、犯罪事実を争った場合のリスクや負担を考慮して、罰金を払って手続を早く終える利益を選ばざるをえなかったり、道路交通法違反で手続が形式的に進み、気づいたら罰金刑を言い渡されていた人もいます。被疑者に異議がなく、犯罪事実を争わずに略式命令で罰金刑が確定した事件の中にも、このような事情で再審を請求したり、再審無罪に至るケースがあるのです。

報道では、重大事件の冤罪事件が特に注目されます。しかし、冤罪や再審手続は、特定の重大事件だけでなく、あらゆる犯罪と関わるものです。映画『それでもボクはやってない』では、痴漢冤罪のおそろしさと日本の刑事司法の問題点が描かれました。痴漢冤罪を身近に感じる人は少なくないかもしれません。Part1「冤罪事件・誤判研究が示す冤罪原因」で、「1　虚偽自白」と関連して取り上げた志布志事件では、存在しない公職選挙法違反事件が作り上げられ、13名の無実の人が起訴されました[→51頁]。起訴された人たちのうち12名には無罪判決が言い渡されて、これが確定しました(なお、残る1名は、公判中に亡くなったため、公訴棄却されています)。志布志事件は、本書の「冤罪」の定義には当てはまりません。しかし、誰もが誤って捜査の対象とされたり、起訴される可能性があることを示す重要な事件です。パソコン遠隔操作事件では、身に覚えのない威力業務妨害の疑いで4名が誤認逮捕されました[→234頁]。そのうちの1名は未成年の大学生で、パソコンが遠隔操作された事実がわかった頃には、少年審判手続で保護処分が確定していました。他の3名のうち2名は起訴されなかったものの、残る1名は起訴されていました(後に、起訴が取り消されました)。刑事司法が人間によって運営される以上、誤った捜査・裁判や冤罪は、誰の身にも降りかかる可能性があります。冤罪や再審手続は、決して他人事《ひとごと》ではありません。社会全体で考えなければならない問題なのです。

参考文献

■一般書

- 小田中聰樹『冤罪はこうして作られる』(講談社、1993年)
- 秋山賢三『裁判官はなぜ誤るのか』(岩波文庫、2002年)
- 菅家利和『ある日、私は犯人にされた』(朝日新聞出版、2009年)
- 今村核『冤罪と裁判』(講談社、2012年)
- 内田博文＝八尋光秀＝鴨志田祐美『転落自白――「日本型冤罪」は、なぜうまれるのか』(日本評論社、2012年)
- 森炎『教養としての冤罪論』(岩波書店、2014年)
- 市川寛『検事失格』(新潮社、2015年)
- 「冤罪白書」編集委員会編『冤罪白書2019』(燦燈出版、2019年)
- 「冤罪白書」編集委員会編『冤罪白書2020』(燦燈出版、2020年)
- 木谷明『違法捜査と冤罪――捜査官！ その行為は違法です。』(日本評論社、2021年)
- 高野隆『人質司法』(角川書店、2021年)
- 中日新聞編集局(滋賀・呼吸器事件取材班デスク 秦融)『冤罪をほどく――供述弱者とはだれか』(風媒社、2021年)
- 「冤罪白書」編集委員会編『冤罪白書2021』(燦燈出版、2021年)
- 「冤罪白書」編集委員会編『冤罪白書2022』(燦燈出版、2022年)
- 山岸忍『負けへんで！――東証一部上場企業社長vs地検特捜部』(文藝春秋、2023年)

■専門書

- 日本弁護士連合会編『再審』(日本評論社、1977年)
- 日本弁護士連合会編『続・再審』(日本評論社、1986年)
- K・ペータース(能勢弘之＝吉田敏雄編訳)『誤判の研究――西ドイツ再審事例の分析』(北海道大学図書刊行会、1981年)
- 日本弁護士連合会人権擁護委員会編『誤判原因の実証的研究』(現代人文社、1998年)
- 「特集　誤判に学ぶ刑事弁護」季刊刑事弁護36号(2003年)27～118頁
- 日本弁護士連合会人権擁護委員会編『誤判原因に迫る――刑事弁護の視点と技術』(現代人文社、2009年)
- ジム・ドワイヤー＝ピーター・ニューフィールド＝バリー・シェック(西村邦雄訳＝指宿信監訳)『無実を探せ！ イノセンス・プロジェクト――DNA鑑定で

冤罪を晴らした人々』（現代人文社、2009年）
- ブランドン・L・ギャレット（笹倉香奈＝豊崎七絵＝本庄武＝徳永光訳）『冤罪を生む構造――アメリカ雪冤事件の実証研究』（日本評論社、2014年）
- 丸山輝久『55の再審裁判事例から誤判の原因を探る――有罪率99.9％に潜む冤罪の危険』（現代人文社、2021年）

■統計資料

- 法務省法務総合研究所編『令和４年版　犯罪白書』（2022年）
- 最高裁判所事務総局刑事局「令和３年における刑事事件の概況（上）」法曹時報75巻２号（2023年）181～197頁

Column

死刑と再審

高平奇恵（たかひら・きえ）［一橋大学准教授・弁護士］

無実を訴えている人が殺される。そんな状況が、日本では続いています。2017年に、再審請求中の死刑確定者に対して、死刑が執行されました。再審請求中には死刑執行がなされないという、18年間続いた慣行が破られたのです。その後、再審請求中の死刑確定者に対する執行のニュースが、たびたび飛び込んでくるようになりました。死刑が執行されてしまうと、承継する親族がいない場合などは、再審請求を継続できず、えん罪が明らかにならないことも生じえます。

再審請求中の死刑の執行は、個人の尊厳を究極の価値とする憲法や、死刑に直面する者に対する権利保護の保障を求める国連決議・国際人権規約に反すると考えられます。国連自由権規約委員会は、日本政府に対して、再審請求がなされた場合、死刑の執行は停止されるべきとの勧告をしています。しかし、日本政府は、この勧告に従う姿勢を見せていません。そして、司法でも、大阪地方裁判所が、結論として再審請求中の死刑の執行を適法とするなど（大阪地判令2・2・20LEX/DB文献番号25570779参照）、再審請求中の死刑執行が止まる様子はありません。

そもそも、「死刑」という刑罰そのものも、いわゆる先進国（OECD加盟国）で存置しているのは、アメリカの一部の州と日本だけです（韓国は事実上廃止しています）。また、アメリカでは、判例の積み重ねによって、死刑事件については特別に手厚い手続（いわゆるスーパー・デュー・プロセス）が必要であるとされ、あらゆる手続がつくされた上で、はじめて死刑を執行することが許されます。

一方、日本には、死刑に着目した特別な手続はありません。人の生命を奪うという、取り返しのつかない結果をもたらすのに、他の事件と区別されていないこと自体に、驚く方も多いのではないでしょうか。

1980年代に、４件もの死刑事件(免田事件、財田川事件、松山事件、島田事件)が、えん罪であったことが明らかになりました。憲法の理念を反映させた新しい刑事訴訟法のもとで審理された事件です。しかも、重大事件だったのですから、比較的丁寧な審理がなされたはずです。それでも、誤りは起きてしまったのです。裁判も人間の営みである以上、絶対に間違うことがないとはいえません。

しかし、日本には、再審についても、死刑に着目した特別な仕組みはありません。2018年、袴田事件で、東京高裁は、再審請求は認めなかったのに、袴田さんの死刑の執行を停止する措置を維持しました。このような措置がとられるのは、非常に珍しいことです。裁判所が執行停止をしない原因としては、法が、再審請求がなされても、刑の執行が停止されることを原則とはしていないことなどが考えられます。しかし、他の刑罰と異なり、死刑は、執行されてしまったら絶対に取り返しがつきません。再審請求がなされたら、死刑執行を停止することを原則にするなど、法の基本的な仕組みを変えるべきではないでしょうか。

また、この人に、あるいは、この事件に「死刑」という刑罰を科すことの誤り(いわゆる量刑再審)を、再審請求の理由にすることは認められていません。また、たとえば、実質的な弁護活動がなされなかったなど、憲法上の権利が保障されたとは評価できないまま死刑判決に至った場合にも、憲法違反が再審の理由として明確に規定されていないことが障害になります。

無実を訴える死刑確定者の再審請求には、その人の命がかかっています。人の命を奪うことをも正当化できるというならば、制度や手続にその重みを反映させるべきではないでしょうか。

Part 2

日本の再審は どうなっているの?

身に覚えのない罪で刑務所に入れられた大学生の小野大吾さんは、裁判のやり直し=「再審」を求めることにしました。小野さんは、再審手続によって無実の罪を晴らすことができるのでしょうか。Part2では、現在使われている日本の再審のルールと、それに基づく再審事件の実際の進め方を把握し、「再審のリアル」を見てみましょう。

●通常の裁判の流れ(三審制)

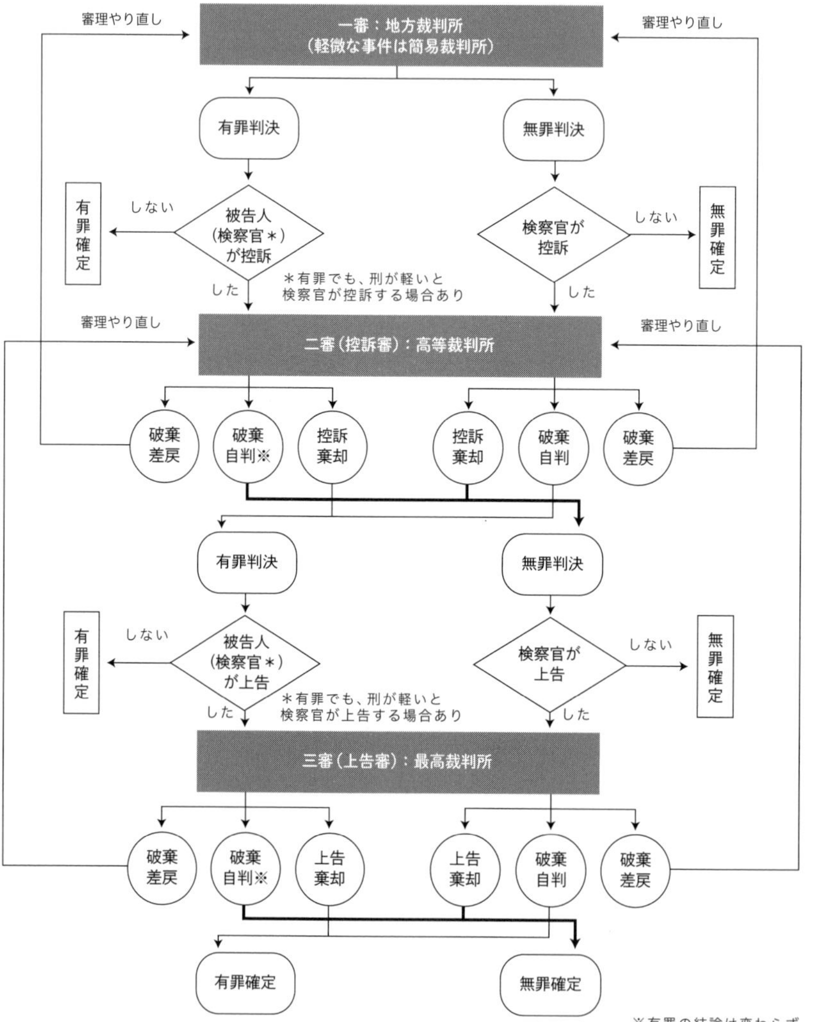

(無罪なのに有罪が確定した場合は再審請求へ)

※有罪の結論は変わらず
刑の重さの変更の場合あり

再審請求の流れ

＊カッコ内は控訴審判決が確定判決の場合

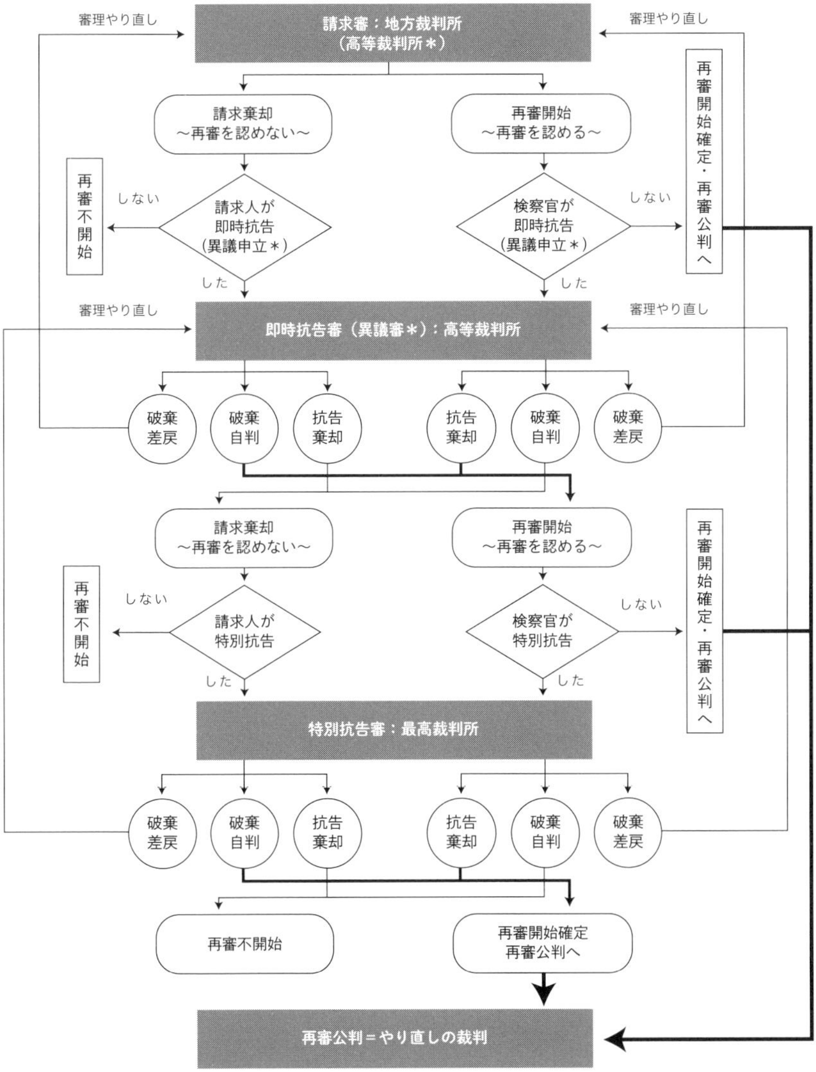

再審制度

1　再審とは何か?

(1)　再審の意義

再審とは、誤った有罪判決を受けた者を救済するための手続です(刑訴法435～453条)。この手続は、有罪判決が確定した後で、その判決が認定した事実の誤りを正し、有罪判決を受けた者を救済することを目的とします。この点で、再審は、未確定の判決に対する不服申立である控訴や上告と異なります。

一般に、有罪・無罪の裁判が確定すると、その結論を動かすことはできなくなります。これを「確定力」といいます。これによって、裁判所の判断が確固たるものとなって国民の間に定着し、裁判や司法に対する国民の信頼が確保されます。このことを「法的安定性」と呼ぶこともあります。

確定した判決を事後的に変更すると、裁判・司法への信頼性や法的安定性を揺るがします。しかし、その確定判決に誤りがあることが明らかな場合、誤った事実認定を放置することは、正義に反し、裁判・司法への信頼性をかえって損なうでしょう。特に、無実の人(無《む》辜《こ》)が誤った有罪判決を受けた場合は、二重の不正義を生じさせます。国家による究極の人権侵害である「無実の人を処罰した」という不正義と、「真犯人を取り逃がした」という不正義です。無実なのに誤って有罪判決を受けた人の救済は、法的問題に留まらず、人道上の問題として要請されています。

誤った有罪判決が存在しないことは、理想的です。しかし、人間は、誰もが間違えます。人間が刑事手続を担う以上、誤った有罪判決をなくすことはできないのかもしれません。その中で、冤罪リスクを最小化し、誤った有罪判決を少しでも防ぐためには、捜査や裁判の方法を工夫したり、司法制度を改善し続けることが大切です。それと同時に、確定判決には誤りがありうることを念頭に置いて、冤罪被害者を迅速かつ適切に救済する事後的な手続についても常に見直すことが不可欠です。

⑵　再審の歴史とその理念

再審手続の問題を理解するためには、再審の理念を把握することが重要です。再審の理念は、再審法制の歴史と深く関係しています。そこで、再審法制の歴史を振り返り、再審の理念に関する議論を掘り下げてみます。

〈利益再審と不利益再審〉

歴史的・国際的には、「誤った裁判を改める」という再審の方向性は二つあります。一つは、誤った有罪判決が確定した後で、有罪判決を受けた者の利益になるように、再び審理を行う再審です。これを「利益再審」と言います。つまり、無実の人を無罪にするための再審です。もう一つは、真犯人に誤って無罪判決が言い渡され、確定した後で、有罪判決を言い渡すために行う再審です。これを「不利益再審」と言います。現行の刑訴法は、利益再審のみを規定しています。このことについては、後で詳しく述べます[→80頁、Column139頁]。

〈日本の再審法制の歴史〉

1880（明治13）年に、刑事手続に関する法律として、治罪法が制定されました。再審制度は、この治罪法時代から存在しました。治罪法は、フランス法の影響を受けて制定されました。治罪法では、利益再審のみが設けられました(治罪法439条)。

1890(明治23)年に、明治刑訴法(旧々刑訴法)が制定されました。明治刑訴法は、再審に関する規定の大部分を、治罪法から引き継ぎました。そのため、不利益再審は存在せず、利益再審のみが規定されていました(明治刑訴法301条)。

そして、1922(大正11)年に、大正刑訴法(旧刑訴法)が制定されました。大正刑訴法は、ドイツ法の影響を大きく受けて、利益再審に加えて(大正刑訴法485条)、不利益再審も設けました(大正刑訴法486条)[Column→139頁]。

第二次世界大戦を経て、1946(昭和21)年に、現在の日本国憲法が制定・公布されました。現行憲法は、刑事手続に関する詳細な規定を設けました(憲法31～40条)。これは、戦前に治安維持法などを通じて捜査権限の拡大や被疑者・被告人の権利制限が行われたり、刑事手続が濫用されて人権弾圧が行われたことを反省し、人権保障と公正な裁判の実現を目指したためです。刑訴法も、憲法に適合するように改正する必要が生じました。

現行憲法39条は、「既に無罪とされた行為については、刑事上の責任を問はれない」ことを確認しています(「二重の危険禁止」と言います)。これは、確定判決によって無罪とされた行為について、その行為を理由として改めて処罰することを禁じる規定です。刑事裁判による処罰は、国家権力による人権侵害の危険がもっとも大きいと考えられるため、ある事件でひとたび刑事裁判にかけられた人は、同じ事件について再び刑事裁判にかけてはいけない、ということを人権として保障しているのです。不利益再審は、一度無罪判決を受けた人を有罪にするためにもう一度裁判をやり直す手続ですから、この条文に真っ向から違反します。そこで、1948年に公布された現行刑訴法は、不利益再審を廃止し、「有罪の言渡をした確定判決に対して、その言渡を受けた者の利益のために」のみ、再審を認めました(刑訴法435条柱書)。

〈再審の理念〉

はじめに、大正刑訴法までの再審が、どのような理念に基づく制度であったかについて説明します。冒頭で述べたように、判決が確定して確定力が生じると、判決が認定した事実を争うことができなくなります。これにより、法的安定性が確保され、「法の威信」が保たれます。確定判決を簡単に覆すことができると、判決に対する信頼が失われます。しかし、確定した判決に誤りがあり、新たな真実の追求が可能であり、それが正義に適うときには、確定した判決を正す必要があります。判決が確定したことに過度にこだわると、裁判・司法への信頼をかえって損なうでしょう。確定力の尊重は、絶対的なものではありません。再審は、真実の追求のために、判決の確定力に例外を認めるものと位置づけられます。

このような理解に基づいて、伝統的に、再審の理念は「法的安定性に対する正義の回復」という図式で捉えられてきました。この考え方は、不利益再審が存在する大正刑訴法の下では、再審制度の説明として整合的であったといえるでしょう。不利益再審を認める場合、無罪判決の確定による裁判への信頼や法的安定性、司法の権威を犠牲にしてでも、有罪方向の「真実」を追い求める正義が承認されやすいからです。しかし、過去に無罪判決を受けたにもかかわらず、有罪方向でいつでも裁判をやり直せるとすれば、その者の地位は常に不安定となります。そこで、真実発見の追求には制約が生じ、法的安定性と真実発見(正義)の調和が求められることになります。他方で、旧憲法や大正刑訴法の下では、国家的権威である「法の威信」も重要な価値でした。真実を過度に追い求め、すでに確定した判決を安易に覆せば、法の威信や信頼を失います。不利益再審が存在した大正刑訴法下では、確定力や法的安定性が、国家的観点から重視されました。そのうえで、再審は、法的安定性と正義の矛盾を解決する極めて例外的な制度と位置づけられてきたのです。

しかし、前述のとおり、現行憲法は「二重の危険禁止」の法理を採用しました(憲法39条)。これを受けて、現行刑訴法も、不利益再審を廃止して利益再審に限定しました。現行法においても、確定力や法的安定性それ自体が軽視されるわけではありません。しかし、再審の理念との関係では、「法的安定性に対する正義の回復」という図式は克服されたと考えられています。再審の理念は、誤った有罪判決を受けた者を救済する人権保障上の制度に純化されたのです。再審制度は、「無実の人の救済」という目的のためだけに存在しているのです。

Topic

「無罪」という言葉の意味

再審について本格的に説明する前に、「無罪」という言葉の意味を確認します。「無罪」と聴くと、刑事裁判で疑いをかけられた者が清廉潔白であることを指すと思われるかもしれません。しかし、刑事裁判の世界において、無罪は、「犯罪の証明がないこと」を意味する言葉なのです。

Part1で述べたように、刑事裁判の挙証責任は検察官が負い、健全な社会常識に照らして、被告人が有罪であることに少しでも疑問が残れば、裁判所は「犯罪の証明がない」として無罪を言い渡さなければなりません。また、被告人は、無罪を証明する責任や義務を負いません。刑事裁判では、清廉潔白の無罪と灰色無罪を区別しません。刑事裁判で明らかにしようとする「真実」は、刑事裁判という枠組みと手続の中で認定できる限りの「真実」です[→47頁]。

後ほど、再審を請求するための要件に触れます。そこでは、「無罪を言い渡すべき明らかな証拠」という言葉が出てきます。「無罪を言い渡すべき証拠」は、誤った有罪判決を受けた者が清廉潔白であることを示す証拠に限られません。確定した有罪判決が行なった事実の認定について、健全な社会常識に照らして少しでも疑問が残れば、「無罪を言い渡すべき証拠」として扱われます。つまり、「無罪を言い渡すべき証拠」は、確定判決の有罪認定に対して合理的疑いを生じさせる証拠を意味します。

2 再審手続の流れ

事例 小野大吾さんは、京都地方裁判所で、威力業務妨害の罪(刑法234条)で有罪判決を受けました。小野さんは、判決を不服として控訴・上告したものの、いずれも棄却され、懲役2年の有罪判決が確定しました(Scene6)。その後、小野さんは、収容されている刑務所で弁護士と面会し、再審を請求しようと決意しました(Scene7)。

はじめに、本書冒頭の小説「えんざい」を踏まえて、再審手続の流れを概観します。再審手続は、二段階に分かれています。①再審請求手続と、②再審公判の二段階です。①再審請求手続で再審開始が確定しても、有罪の確定判決を受けた者の無罪が決まったわけではありません。再審開始決定それ自体は、裁判をやり直すことを決めただけで、確定判決の確定力を破るものではないためです。有罪・無罪の判断(実体判断)は、二段階目の②再審公判で審理されます。

⑴　再審請求手続

〈再審請求審〉

事例 小野さんは、京都地方裁判所に、再審請求書や新証拠（言語学者作成の「鑑定書」）などを提出して、再審を請求しました（Scene8）。再審請求を受けた京都地方裁判所の裁判官は、再審請求書や証拠を審査したり、小野さんやその弁護人、検察官から意見を聴取します。必要があれば、判断の基礎となる情報の収集も行います。再審請求審で、京都地方裁判所は、小野さんの再審請求に理由があるとして、再審を開始する決定を下しました（Scene10）。

再審請求手続は、裁判所が、再審請求の理由があるか（再審を開始すべきか）を審査する手続です。この手続段階を、再審請求審と言います。再審請求審は、再審を請求できる者（刑訴法439条１項各号）が、再審請求の対象となる確定判決を下した裁判所に、再審を請求することで始まります。小野さんは、京都地方裁判所で行われた第一審で有罪判決を受け、控訴や上告をしたものの、それが棄却されて有罪判決が確定しました。この場合、再審請求の対象となる確定判決を下した裁判所は、京都地方裁判所です。小野さんは、京都地方裁判所に再審を請求します。もし、小野さんが第一審で無罪判決を受けたものの、検察官がこれを不服として控訴し、大阪高等裁判所で有罪判決が言い渡され、これが確定していた場合は、大阪高等裁判所に再審を請求します。

このとき、再審を請求する者は、「再審請求理由」があることを示した書面（再審請求書）や「無罪を言い渡すべき明らかな新証拠」などを裁判所に提出しなければなりません（刑訴規則283条）。裁判所に再審請求を行う時期に、制限はありません。有罪の言渡を受けた者が死亡している場合などであっても、その者の配偶者や直系親族（親、祖父母、子、孫など）・兄弟姉妹は、再審を請求できます（刑訴法439条１項４号）。また、有罪判決が確定し、すでに刑の執行が終わった後などであっても、再審を請求できます(刑訴法441条)。本書冒頭の小説「えんざい」では、小野さん自身が、有罪の言渡を受けた者として、再審請求を行なっています(刑訴法439条1項2号)。

再審の請求を受けた裁判所は、請求人が提出した再審請求書や証拠などを審査します。また、裁判所は、請求人とその相手方の意見を聴取します(刑訴規則286条)。検察官が請求人である場合、「相手方」は元被告人を指します。元被告人やその近親者が請求人である場合、「相手方」は検察官を指します。さらに、裁判所は、必要があるときは、証人尋問や鑑定を行なったり、検察官から未提出証拠を取り寄せたりして、判断の基礎となる情報を収集することができます(刑訴法445条、43条3項)。裁判所は、このような審査を行い、①再審請求の理由がないと判断したときは、再審請求を棄却します(刑訴法447条1項)。②再審請求の理由があると判断したときは、再審開始を決定します(刑訴法448条1項)。前者は、「請求棄却決定」と呼ばれます。後者は、「再審開始決定」と呼ばれます。本書冒頭の小説「えんざい」では、再審請求の理由があると裁判所が判断したため、②再審開始が決定されました。

〈再審請求審の判断に対する不服申立——即時抗告審・特別抗告審〉

事例 検察官は、再審請求審が下した再審開始の決定に、不服を申し立てようと考えました(Scene10)。検察官は、決定書を受け取った翌日から3日以内に、京都地方裁判所に即時抗告申立書を提出します。即時抗告申立書は、京都地方裁判所から、管轄上級裁判所である大阪高等裁判所に送付され、大阪高等裁判所で即時抗告審が行われることになりました。即時抗告審では、即時抗告申立書や、順次提出された申立補充書を精査するなどして、検察官の即時抗告を棄却する(再審開始決定を維持する)か、再審請求審の再審開始決定を取り消して再審請求を棄却するかを判断します。

再審請求審が行なった再審請求棄却決定や再審開始決定に対しては、即時抗告という不服申立を行うことができます(刑訴法450条)。刑訴法は、不服申立できる者を明示していません。そのため、実務では、検察官も不服を申し立てることができると解されています。即時抗告の申立期間は、3日です(刑訴法422条)。再審請求審の決定に不服を申し立てた場合、審理の場は即時抗告審に移ります。

再審請求審を担当した裁判所(確定判決を下した裁判所)が地方裁判所である場合、即時抗告審は、その地方裁判所を管轄する高等裁判所で行われます。即時抗告審は、再審公判ではありません。再審請求審が下した再審開始決定や再審請求棄却決定に対する不服申立に、理由があるかどうかを判断します。事例は、本書冒頭の小説「えんざい」を踏まえたものなので、大阪高等裁判所が再審開始決定を維持したかどうかに触れていません。実際には、即時抗告審は、即時抗告を棄却する(再審開始を維持する)決定か、再審請求審の再審開始決定を取り消す決定を下します。

即時抗告審の決定に対しては、さらに最高裁判所に対して特別抗告という不服申立を行うことができます(刑訴法433条)。最高裁判所は、主に憲法問題やこれまでの最高裁判所の判断との整合性などを判断する法律審裁判所です。そのため、特別抗告は、即時抗告審の決定に憲法違反や憲法解釈の誤りがあったり、最高裁判所の過去の判断に反する判断が含まれるなど、限られた場合にのみ認められます(刑訴法433条、405条)。特別抗告の申立期間は、5日です(刑訴法433条2項)。即時抗告審の決定に不服を申し立てた場合は、最高裁判所に特別抗告審が係属します。

なお、再審請求審を担当した裁判所(確定判決を下した裁判所)が高等裁判所であるときは、上級裁判所は最高裁判所しかありません。再審請求審を担当した裁判所が地方裁判所である場合は、不服申立を2回(高等裁判所の即時抗告審と最高裁判所の特別抗告審)行えます。それにもかかわらず、再審請求審を担当した裁判所が高等裁判所である場合に、不服申立の機会が１回になることは不公平です。確定判決を下した裁判所がどの審級であるかによって、請求人が不利に扱われることは避けるべきでしょう。他方で、高等裁判所が行なった決定に対して、常に最高裁判所に不服を申し立てられるとなると、最高裁判所の負担は大きくなります。そこで、刑訴法は、再審請求審を担当した裁判所が高等裁判所である場合には、その決定に対する即時抗告に代わる異議申立を認めています(刑訴法428条２項)。この手続は、即時抗告審ではなく、異議審と呼ばれます。即時抗告に代わる異議申立は、高等裁判所で行われた再審請求審の決定に対して、不服を申し立てる手続です。同じ裁判体(裁判官)が異議審を担うならば、異議を申し立てた意味がありません。同じ高等裁判所に所属する別の裁判体(裁判官)が、異議審を担当します。異議審の決定に対しても、特別抗告を申し立てることができます。

すでに述べたように、現行法下では、検察官も即時抗告や特別抗告を行うことができるとされています。この点については、「再審制度の問題点」で言及します[→112頁]。

⑵　再審公判

再審公判は、再審開始の決定が確定した場合に開かれます(刑訴法451条)。この手続は再審手続の第二段階で、いわば「やり直しの裁判」の本番です。この段階に至って初めて、有罪・無罪に関する審理が行われます。再審公判は、その審級に従って行われます。たとえば、かつて地方裁判所で行われた第一審で有罪判決を受け、これが確定した事件について、再審開始の決定が確定した場合は、通常第一審の公判手続の規定を踏まえて再審公判が実施されます。かつて地方裁判所で行われた第一審で無罪判決を受けたものの、検察官が控訴し、控訴審裁判所が第一審判決を破棄して有罪判決を言い渡し、これが確定した事件については、控訴審に関する手続の規定を踏まえて再審公判が実施されます。

Further Lesson

再審公判手続と他の手続の関係

上記「(2) 再審公判」では、再審公判はその審級に従って行うと説明しました。ここで、再審請求審と再審公判の関係が問題となります。再審請求審では、再審請求の理由があるかどうかが判断されます。この段階では、有罪・無罪の判断(実体判断)に立ち入っていません。そこで、再審請求審がいかなる事実認定も行なっていないことを強調し、再審公判は再審請求審の影響を受けないと理解する考え方がありえます(青森地判昭53・7・31判時905号15頁、水戸地土浦支判平23・5・24LEX/DB25471410)。これに対して、再審請求審を経た再審公判を、通常手続の破棄差戻し審に準じて理解する考え方もあります。この考え方を採れば、再審請求審において、確定判決における事実認定に合理的な疑いが生じた以上、再審公判は再審請求審の影響を受けることになります。再審公判が再審請求審の影響を受けないとすれば、検察官は、再審請求審で新証拠の証明力を争ったうえで、再審公判でも改めて証明力を争うことが可能となります。これでは、再審請求審と再審公判の二段階で手続を構成した意味がなくなります。そのため、再審公判は、破棄差戻し審に準じて理解するのが一般的です。

確定判決を言い渡すに至った過去の手続(原手続)と再審公判の関係も問題となります。一つの考え方は、更新説と呼ばれる考え方です。これは、誤った有罪「判決」を正すために再審公判が開かれることを強調し、再審公判手続を「原手続の有罪判決が出る前の状態に戻って審理を再開する手続」と理解するものです。再審公判を担当する裁判所が、かつて確定判決を言い渡した裁判手続を、判決を言い渡す前の段階で引き継いで審理するイメージです。実際に、裁判実務では、審理途中で異動などによって裁判官が変わることがあります。その際には「更新」という手続が採られ(刑訴法315条、刑訴規則213条、213条の2)、それまでの手続が新たな裁判官に引き継がれます。更新説は、この更新手続に準じて、再審公判は原手続の有罪判決が出る前の状態に戻って審理を再開させる手続と理解します。更新説を採れば、有罪判決を下す前の状態で、再審請求審で提出された新証拠を再審公判裁判所がさらに取り調べて、審理することになります。この考え方は、新証拠を孤立評価する視点と近づきます。また、再審請求審では新証拠に証拠能力が要求されない(伝聞法則も適用されない)のに対して、再審公判で事実認定の基礎とする証拠には証拠能力が要求されるため、新証拠について検察官が不同意意見を述べることもありえます。

これに対して、やり直し説と呼ばれる考え方があります。これは、再審公判手続を「確定判決に至った手続とは別の手続として、公判手続を審理し直す手続」と理解するものです。この考え方は、再審公判が、再審請求審を経て、確定判決における事実認定に合理的な疑いが生じたために実施されることを重視します。

更新説とやり直し説の違いは、原手続の有罪判決が出る前に取り調べられた証拠の扱い方にも表れます。更新説を採れば、原手続の公判手続は再審公判でも依然として有効であり、原手続で取り調べられた証拠は証拠能力が認められて再審公判に引き継がれます。これに対して、やり直し説を採れば、再審公判は原手続の公判手続とは別の手続として行われるため、原手続で取り調べられた証拠が再審公判に引き継がれるわけではありません。

原判決を迅速に是正し、無辜を早期に救済するという再審制度の趣旨に照らせば、再審公判を続審的に理解する更新説を採って、原判決手続の訴訟状態を引き継いだうえで新証拠の取調べを継ぎ足す方法が合理的です。審理をやり直すことによる再審公判の長期化も避けられます。しかし、再審開始決定が確定しても原判決自体は失効しないことや、再審請求審において原確定判決からの心証引継を否定して新旧証拠の総合評価を行なったことを重視すれば、原判決に至る実体審理や実体形成との連続性を前提とすることはできません。このように考えれば、再審公判の覆審的な理解が導かれます。実務の運用は固まっておらず、いずれの運用も見られるものの、近時は更新説によることが多いと言われます。もっとも、やり直し説も、通常第一審とまったく同じ手続のやり直しを想定しているわけではありません。①すでに、同一審級の審判を経ている事実を理由に、通常の公判手続と異なってもよい部分があります。たとえば、起訴状謄本の再送達は不要でしょうし、起訴状一本主義や予断排除は重視されません。②また、二重の危険を禁止した憲法の趣旨を踏まえると、通常の公判手続と同じであってはならない部分もあります。検察官が、再審公判手続において、事実認定や刑の量定と関連して新たな争点を作ることは許されません。再審公判において、再審請求人に新たな応訴を強制することになり、二重の危険を禁じた憲法と合致しないからです。そのため、やり直し説に立っても、当事者が証拠関係を組み直したり、証拠意見の変更を無限定に行うことは許されません。また、原手続で用いられた証拠を裁判所が適宜職権で採用するなどして、迅速な判決を目指すべきです。更新説とやり直し説のどちらに立っても、再審公判の目的に照らし、合理的な範囲内で旧証拠の取調べを行うことになるはずです。そのうえで、再審請求手続で提出された証拠や事実取調べの結果を、必要に応じて請求または職権で採用することになります。更新説とやり直し説をめぐる議論は、裁判所の適切な訴訟指揮と当事者の協力が無辜の迅速な救済にとって不可欠であることを示しています。

3 再審手続の構造──再審請求審を中心に

(1) 当事者主義と職権主義

再審手続の構造、すなわち審理の枠組みを把握する前提として、通常の刑事手続の構造を確認します。現行法は、当事者主義構造を採っています。「当事者」とは、検察官と被告人・弁護人のことです。当事者主義は、審理すべき犯罪事実(審判対象)を検察官が設定し、証拠調べも検察官と被告人側が請求した範囲で行うことで、当事者が訴訟を主導する方式です。裁判官は、自ら抱いた疑い(心証)に従って訴訟を主導するのではなく、受動的な判断者に徹します。これにより、判断者としての公平性・中立性が確保されると考えられています。

当事者主義の対概念として、職権主義という概念があります。職権主義とは、裁判所が自ら真実発見の義務を負い、積極的に審理を主導する方式です。裁判所が必要性を認めれば、当事者が請求しない証拠を自ら調査したり、検察官が主張する犯罪事実と異なる犯罪事実を認定することもできます。

大正刑訴法は、お手本にしたドイツと同様に、職権主義構造を採っていました。しかし、現行刑訴法は、刑事裁判で審判する対象を検察官に設定させ(刑訴法256条3項)、当事者が請求する証拠の調査を先行させ(刑訴法298条1項)、裁判所による証拠の調査を補充的なものと位置づけました(刑訴法298条2項)。また、裁判所が予断を持たないように、検察官が起訴する際に起訴状のみを提出するように求めています(「起訴状一本主義」と言います。刑訴法256条6項)。本書冒頭の小説「えんざい」では、検察官が、起訴状を朗読して審判対象を設定しました(Scene5)。また、検察官の被告人質問と、弁護人による防禦が展開されました。裁判官は、その攻防を客観的に観察しています。このように、現行法は、通常の裁判では当事者主義を基調としています。

(2) 再審請求審の構造

ところが、再審請求審は、職権主義構造を採っていると言われます。

つまり、裁判所と請求人の二面構造を前提に、請求人による再審の申立てを裁判所が判断すると理解されています。再審請求審が再審請求に理由があるかどうかを審査する手続であり、有罪・無罪の判断(実体判断)を行う再審公判手続の前段階に過ぎないことや、職権主義に馴染んだ大正刑訴法の再審関連規定を引き継いだことが、再審請求審の職権主義的理解に繋がったのかもしれません。裁判所も、再審請求審で裁判所が行いうる情報収集(刑訴法445条、43条３項)の要否・方法・程度などについて、「再審の請求を受けた裁判所の合理的な裁量にゆだねられている」と考えています(最三決昭28・11・24刑集７巻11号2283頁、最二決昭29・11・22刑集８巻11号1857頁)。また、裁判は公開が原則であるところ(憲法37条１項、82条)、再審請求審は公判そのものではないため、憲法が公開を要求する「裁判の対審」ではないと理解しています(最決昭33・５・27刑集12巻８号1683頁、最大決昭42・７・５刑集21巻６号764頁)。実務では、再審請求審の審理は、ほぼ例外なく非公開で行われています(日産サニー事件の再審請求審における証人尋問の公開が、再審請求審の審理を公開で行なった唯一の例であると思われます)。

4 再審を請求するための要件

(1) 再審請求理由の概要

刑訴法435条は、再審を請求するための要件を規定しています。再審は、誤った有罪判決を受けた者を救済するために、すでに確定した有罪判決を破る手続です。再審を請求する要件は、通常手続の上訴理由よりも厳しく設定されています。

再審を請求する理由は、大きく３つに区別されます。①確定判決に用いられた証拠が偽りであった場合(刑訴法435条１～５号)、②無罪などを言い渡すべき明らかな証拠をあらたに発見した場合(刑訴法435条6号)、③確定判決に関わった裁判官や捜査官が職務犯罪を行なった場合(刑訴法435条7号)です。①③は、ファルサ型再審(falsa: 偽証拠型再審)と呼ばれます。これに対して、②は、ノヴァ型再審(nova: 新証拠型再審)と呼ばれます。条文を見るとわかるように、①③ファルサ型再審の要件自体は、明確に類型化された形式的なものであり、判断自体は容易です。しかし、ファルサ型再審を請求するためには、証拠の偽造・変造などが、確定判決によって証明されていなければなりません。ファルサ型再審を請求する現実的なハードルは、非常に高いといえます。このため、実際の再審請求は、②ノヴァ型再審が大部分を占めています[→102頁]。ノヴァ型再審の要件は包括的であり、再審請求人が裁判所に対して「無罪……を言い渡(す)……べき明らかな証拠をあらたに発見した」ことを示さなければなりません。そこで、その判断基準や判断方法が問題となります。

⑵ ノヴァ型再審(刑訴法435条6号)の要件

刑訴法435条6号は、「有罪の言渡を受けた者に対して無罪若しくは免訴を言い渡し、刑の言渡を受けた者に対して刑の免除を言い渡し、又は原判決において認めた罪より軽い罪を認めるべき明らかな証拠をあらたに発見したとき」に、有罪の言渡をした確定判決に対して、その言渡を受けた者の利益のために、再審請求できると規定しています。

「無辜の救済」という観点からは、「無罪……を言い渡(す)……べき明らかな証拠をあらたに発見した」かどうかが、特に重要です。①「あらたに発見した」かどうかに関する要件は、「新規性」要件と呼ばれます。②「明らか」かどうかに関する要件は、「明白性」要件と呼ばれます。

新規性と明白性をどのように解釈すべきかについては、とても複雑な議論が展開されてきました。その背景には、再審制度の基本理念に関する理解の違いがあります[→81頁]。現行法が不利益再審を廃止したため、再審は、誤った有罪判決を受けた者を救済する、人権保障を至上命題とした制度となりました。しかし、判決の確定力を重視する立場は、再審を安易に開始すると裁判・司法への信頼や法的安定性を揺るがすと考えます。そのため、「疑わしきは確定力の利益に」という方向に傾き、誤判救済の要請は後退します。他方で、誤った有罪判決を受けた者を救済するという人権保障の側面を重視する立場は、「疑わしきは請求人の利益に」という方向で、冤罪被害者を誤判から救済することを積極的に求めるでしょう。このような理解の違いが、新規性・明白性の解釈にも大きな影響を与えています。

〈新規性〉

新規性は、あらたな証人や証拠物を発見した場合だけでなく、すでに存在した証拠から得られる情報自体を「あらたに発見」した場合にも認められます。つまり、確定判決以前にその存在がわかっていたかどうかではなく、確定判決が証拠評価の対象として用いていたかどうかが基準です。たとえば、同じ証人が以前の証言を翻した場合や、現代の技術や知見を用いてDNA型鑑定を再実施した鑑定結果などにも、新規性が認められます。本書冒頭の小説「えんざい」でも、言語学者が、小野さんが送ったメールと脅迫メールを専門的な観点から分析した結果が、新証拠として提出されています(Scene8)。

新規性要件をめぐって、誰にとって「あらたに」発見された証拠であればよいかが問題となります。①再審請求を行う者にとっても「あらた」である必要があるという考え方(請求人説)と、②裁判所にとって「あらた」であれば足りるという考え方(裁判所説)がありえます。①請求人説を採ると、②裁判所説を採った場合よりも、再審請求が難しくなります。ここでは、Aが、他人Bの身代わりとなって有罪の確定判決を受けた後で、自身が身代わりであったことを明らかにする証拠Xを提出して再審請求する場面を考えます。仮に、①請求人説を採ると、Aにとっても「あらた」な証拠が求められます。Aは、確定判決に至るかつての審理で、自身が身代わりであること知りながら、そのことを故意に隠していました。そのため、証拠Xは新証拠に該当せず、Aは再審請求できない(請求しても、新規性が否定されて請求棄却される)ことになります。Aが裁判所を自ら欺いて進んで有罪判決を受けていたことなどを強調すれば、この結論は妥当と評価されそうです(最判昭29・10・19刑集8巻1号1610頁)。しかし、Aが身代わり犯人であったことは、裁判所による評価・判断をいまだ経ていません。また、Aが身代わり犯人である可能性を裁判所が認識した後も、確定判決の事実認定の誤りを是正せずに放置することは、真実発見の観点からも適切であるとは言いがたいです。加えて、本件について証拠Xに新規性を認めて再審を開始したとしても、それとは別にAを犯人隠避の罪(刑法103条)に問うことは可能です。このように考える立場から、新証拠は、②裁判所にとって「あらた」であれば足りると理解するのが一般的です。

〈明白性〉

新証拠は、「無罪を言い渡すべき明らかな証拠」でなければなりません。明白性の要件をめぐっては、明白性の程度と判断方法が激しく議論されてきました。両者は、相互に深く関係しています。

①明白性の程度について、かつての裁判実務は、とても高い基準を求めていました。具体的には、「有罪の判決を覆すに足る証拠」(札幌高判昭27・2・28高刑判特18号77頁)、「無罪を推測するに足る高度の蓋然性」(名古屋高決昭34・7・15下刑集1巻7号1550頁)、「無罪等の事実認定に到達する高度の蓋然性」(札幌高決昭46・7・16刑集29巻5号321頁)を求めて

いました。また、②明白性の判断は、確定判決の有罪認定が新証拠のみで揺らぐかどうかを判断する「孤立評価説」が支持されていました（東京高決昭32・3・12高刑特報4巻6号123頁）。このような理解は、確定力を特に重視する立場から導かれるものといえます。その結果、明白性が認められるハードルは、極めて高くなりました。再審を請求する者が、実質的には、新証拠のみで無罪を自ら証明しなければならないというレベルが要求されていたのです。しかし、この考え方を採ると、殺人罪が確定した事件で被害者の生存が後に判明したとか、真犯人が自ら名乗り出たという特殊事情がない限り、再審が開始されません。

このような状況を変えたのが、白鳥決定という著名な最高裁決定です（最決昭50・5・20刑集29巻5号177頁）。白鳥決定は、明白性の程度と判断方法のいずれについても、これまでの考え方を改めました。まず、①明白性の程度と関連して、「無罪を言い渡すべき明らかな証拠とは、確定判決における事実認定につき合理的な疑いをいだかせ、その認定を覆すに足りる蓋然性のある証拠」をいうと判示しました。「高度の蓋然性」が求められていた明白性の程度が、緩和されたことを意味します。また、②明白性の判断は、「もし当の証拠が確定判決を下した裁判所の審理中に提出されていたとするならば、はたしてその確定判決においてなされたような事実認定に到達したであろうかどうかという観点から、当の証拠と他の全証拠と総合的に評価して判断すべき」であるとしました（総合評価説）。

白鳥決定は、明白性の判断に際して、「再審開始のためには確定判決における事実認定につき合理的な疑いを生ぜしめれば足りるという意味において、『疑わしいときは被告人の利益に』という刑事裁判における鉄則が適用される」と確認したことも重要です。

白鳥決定は、新証拠それ自体で明白性を判断する「孤立評価説」を明確に否定し、「新証拠」と「他の全証拠」を総合的に評価する「総合評価説」を採用しました。また、その結果、「確定判決における事実認定につき合理的な疑い」が生じれば、「無罪を言い渡すべき明らかな証拠」と認めて再審を開始してよいと判示しました。なお、ここで新証拠と一緒に総合評価する「他の全証拠」には、確定判決当時の証拠（旧証拠）、すでに棄却された過去の再審請求審で出された証拠、再審段階になって初めて開示された証拠なども含まれます。

白鳥決定の趣旨は、翌年の財田川決定によって、さらに明確化されました。財田川決定は、「疑わしいときは被告人の利益に」の原則を具体的に適用するにあたっては、「確定判決が認定した犯罪事実の不存在が確実であるとの心証を得ることを必要とするものではなく、確定判決における事実認定の正当性についての疑いが合理的な理由に基づくものであることを必要とし、かつ、これをもつて足りる」から、犯罪の証明が十分でないことが明らかになった場合にも「疑わしきは被告人の利益に」原則があてはまると判示しました（最決昭51・10・12刑集30巻９号1673頁）。

白鳥・財田川決定によって、1980年代に「開かずの扉」と形容された再審手続が、一時は活性化しました。両決定から10余年の間に、死刑確定４事件で再審無罪判決が相次いで言い渡され（免田事件、財田川事件、松山事件、島田事件）、死刑再審以外でも多くの事件で再審無罪判決が言い渡されました（徳島事件、梅田事件など）。

ところが、1990年代に入ると、「開かれた扉」は、再び閉ざされます。その背景の一つとして、白鳥・財田川決定が、総合評価の具体的方法（特に、確定判決が用いた旧証拠の再評価のあり方）を明示しなかったことが挙げられるかもしれません。そのため、具体的にどのような方法で総合評価するかをめぐり、極めて複雑な議論が展開されています。白鳥決定に携わった最高裁判所調査官が、白鳥決定の趣旨を限定的に解釈する解説を示し、これに従って判断したとみられる判例が見られたため、学界から「白鳥・財田川決定の趣旨に沿っていない」という批判が展開されたりもしました(たとえば、最決平9・1・28刑集51巻1号1頁、最決平10・10・27刑集52巻7号363頁など)。明白性をめぐる激しい議論は、現在も引き続き展開されています。

Further Lesson

総合評価による明白性の判断方法

明白性の判断方法(総合評価の具体的な方法)と関連して、かつては、①心証引継説という考え方がありました。再審請求を受けた裁判所は、確定判決を下した裁判所が形成した心証を引き継ぎ、この心証と新証拠のもつ証拠価値を合わせて、確定判決の有罪心証が揺らぐかどうかを判断すべきという考え方です。この考え方は、確定判決の証拠評価が再審請求審を拘束することを前提とします。確定判決を下した裁判所の有罪心証が新証拠のみで揺らぐかどうかを検討すれば、孤立評価説に限りなく近づきます。白鳥決定が、「当の証拠と他の全証拠と総合的に評価して判断すべき」と判示していることは、心証引継説を採っていないことを示唆します。

これに対して、②再評価説という考え方があります。再評価説は、❶限定的再評価説と、❷全面的再評価説に分かれます。❶限定的再評価説は、総合評価にあたって、新証拠が持つ重要性とその立証命題が有機的に関連する部分に限って、旧証拠の再評価を行えるという考え方です。つまり、新証拠が、どの旧証拠と対応して、旧証拠のどのような証拠価値を下げたり否定するかを問題とし、その範囲に限って旧証拠を再評価できる(新証拠と関連しない旧証拠を再評価することは許されない)と考えます。また、再評価に入る前に、新証拠に一定水準の高い証拠価値を求めることになります。これに対して、❷全面的再評価説は、新証拠の提出を契機として、旧証拠の全面的な再評価を行なったうえで、新証拠が旧証拠に与える影響を判断するという考え方です。

❶限定的再評価説は、再審が「確定した判決に対し、その確定力を破壊し事案全体についての審判を行う特殊の救済手続であるという認識に立つ以上、旧証拠の再評価といっても限度がある」という考え方を前提とします。これは、確定判決の確定力重視という立場に近いものです。仮に、新証拠と関連しない旧証拠については、確定判決の証拠評価が再審請求審を拘束するならば、総合評価の範囲は狭まります。再審請求を受けた裁判所が、新証拠と有機的に関連する部分を狭く捉えた場合も、同様の問題が生じます。新証拠に要求される証拠価値が、対応する旧証拠の証拠価値を上回るものでなければならないとすれば、孤立評価説に限りなく接近します。限定的再評価説は、白鳥決定に携わった最高裁判所調査官・田崎文夫によって、白鳥決定を解説する形で提示されました。そのため、限定的再評価説が裁判実務に与える影響は少なくありませんでした。

これに対して、白鳥決定が❷全面的再評価説を採ったと考える論者は、白鳥決定が採った総合評価の明確化を試みました。白鳥決定が、「原判決の有罪認定とその証拠関係」の全般的な考察に基づいて総合評価を展開したことを念頭に、確定判決の証拠構造分析を重視する見解であるため、証拠構造論と呼ばれます。この論者は、まず、ⓐ確定判決の有罪認定を支える旧証拠群の有機的連関を客観的に解明することを出発点とします。ここでは、有罪認定を支える決定的証拠と、これに寄りかかるだけの証拠、その関係などの証拠構造を分析します。そして、新証拠による弾劾対象を確認します。そのうえで、ⓑ旧証拠を再評価して、証拠構造の質や強度を解明します。最後に、ⓒ新証拠を投入して、新旧証拠の総合評価を行います。証拠構造論は、決定的証拠とされていた証拠を新証拠が揺るがせば、有罪認定の動揺を意味するため、確定判決の事実認定に合理的な疑いが生じ、再審開始が導かれると考えます。また、新証拠が寄りかかり証拠を揺るがすに過ぎない場合でも、決定的証拠に波及し、確定判決の事実認定に合理的な疑いを生じさせるとします。加えて、ⓐは、新証拠の弾劾対象を確認する過程であって、旧証拠を洗いざらい評価し直すものではないため、確定判決の証拠構造の組み替えや、旧証拠のかさ上げは許されないと説きます。このように、証拠構造論は、明白性判断を可視化・客観化し、具体的枠組みを提供しようと試みます。

このような中、白鳥決定の趣旨を没却させずに、裁判所の判断を統一的・整合的に理解し、総合評価を維持しようとする見解が登場します。それが、③二段階説と呼ばれる考え方です。③二段階説は、②❷全面的再評価説について、請求人に利益であることを認めます。しかし、どのような新証拠であっても、新証拠の立証命題と無関係に旧証拠を全面的に再評価するならば、再審請求審を事実上「第四審」化するに等しいと批判します。このような状況は、「無辜の救済の必要性をいかに強調したとしても、制度論として成り立たない」と理解するのです。また、名張第五次決定などの最高裁判例について、全面的再評価説の論者が「白鳥決定に反する」と批判したことを挙げ、「再審の門を『全面的再評価説』によって拡げようとする者が、名張第五次決定以後の判例は『限定的再評価説』であると認めてしまって、どのようにして再審における展望を拓こうというのだろうか」と疑問を呈します。

③二段階説の論者は、②❶限定的再評価説と②❷全面的再評価説について、対立する見解ではなく、位相を異にする関係であると捉えます。そして、白鳥決定以後に裁判所が採ってきた判断枠組みは、一貫して、限定的再評価と全面的再評価の二段階審査によって説明できると整理します。③二段階説は、初めに、確定判決の判示を読み解き、その構造を確定判決審裁判所の立場から形式的に確認します。そして、第一段階として、新証拠の証明力を判断するにあたり、新証拠とその立証命題に関連する旧証拠について、限定的再評価を行うと考えます。ここで「旧証拠の証明力が新証拠によって何ら減殺されない場合は、それ以上の検討を要さずして、新証拠の明白性は否定され」ます。しかし、新

証拠によって「旧証拠の証明力が減殺された」ものの、「そのことのみによって確定判決に合理的な疑いが生じない場合」でも、第二段階に入ることを認めたのが、白鳥決定であると理解します。第二段階では、「新証拠の立証命題とは無関係に、新旧証拠を全面的に再評価」し直して、新証拠の明白性を判断すると考えます。その結果、「旧証拠によってなお確定判決の事実認定が維持できる場合」(確定判決に合理的な疑いが生じない場合)は、明白性が否定されます。他方、確定判決に合理的な疑いが生じる場合は、明白性が肯定されます。

最高裁は、白鳥・財田川決定以降、その判断枠組みの明示的な変更を行なっていません。そのため、再審請求を受けた裁判所の判断は、白鳥・財田川決定を踏まえて統一的・整合的に説明できなければなりません。しかし、裁判所の判断枠組みをめぐる解釈は、論者によって異なります。二段階説の論者は、判例の統一的理解を意識しつつ、その後の判例も限定的再評価説を採らずに白鳥決定を維持していると説明し、白鳥決定が開いた扉を閉ざさずに弁護実践に活用することを目指します。もっとも、二段階説の論者は、二段階説を「全面的再評価説」と位置づけるものの、②❷全面的再評価説の論理と異なります。そのような事情もあり、明白性の判断方法をめぐる議論は、複雑な様相を呈しています。

5 再審請求事件と再審事件の概況

最高裁判所事務総局刑事局は、毎年、「刑事事件の概況」をまとめています。これを踏まえて、再審請求事件と再審事件の概況を確認します。以下の記述は、最高裁判所事務総局刑事局「令和3年における刑事事件の概況(上)」法曹時報75巻2号(2023年) 181頁以下に依拠しています。罪名に注目した再審請求事件や再審事件の統計は、Part1「日本の冤罪事件」をご覧ください[→66頁以下]。

2021年に裁判所が既済処理した再審請求事件の人員214名のうち、適法な再審請求の理由の主張があった者は136名(63.6%)でした。このうち、84.6%にあたる115名が、6号のノヴァ型再審を請求しています。

2021年に再審開始決定がなされた人員は、1名です。この1名は、検察官から再審請求があった事件です。本人側から再審請求があった213名については、199名(93.4%)が請求棄却で、4名(1.9%)が取下げで終局しています。ちなみに、再審請求事件の審理期間に定めはありません。そのため、2021年に既済処理された214名は、前年以前に再審請求し、未済になっていた者を含みます。

なお、過去5年間でみると、再審を請求して既済処理された1,148名のうち、再審開始決定が出された人員は13名(1.1%)です。過去10年にすると、同じく2,784名のうち、再審開始決定が出された人員は469名(19.9%)です。再審開始決定が急増したのは、2013(平成25)年に、検察官が、自動速度違反取締装置の誤操作に係る道路交通法違反事件の再審請求を行い、429名に対して再審開始が決定されたためです。この人員を除いた場合、過去10年における再審請求既済処理人員2,355名のうち、再審開始決定が出された人員は40名(1.7%)です。

もっとも、「無辜の処罰」は、国家による究極の人権侵害であり、誤った有罪判決を受けた冤罪被害者の救済は、人道上の問題です。無実の罪で処罰してもよい人は、誰一人として存在しません。このことは、日本国憲法の理念に照らしても明らかです。数の問題ではありません。そのため、現況を踏まえた検討は、慎重に行う必要があるでしょう。

再審制度の問題点

1 規定の不備に起因する問題

(1) 再審規定の不備

再審に関する規定は、現行刑訴法435条から453条までの全19カ条です。これらの規定は、前述の不利益再審を廃止したことを除き、大正刑訴法485条以下の規定をほぼそのまま引き継いでいます[→80頁]。現行刑訴法は、今から100年以上も前の1922年当時の再審規定を維持しているのです。それに伴い、再審手続には、数多くの問題点が存在します。以下では、証拠開示と検察官抗告に絞りつつ、その前提となる問題も併せて指摘します。

(2) 裁判体の訴訟指揮の違いと「再審格差」

再審請求を受けた裁判所が、再審請求審をどのように進行するかに関する規定は、刑訴法445条の１カ条のみです。この規定は、「再審の請求を受けた裁判所は、必要があるときは、合議体の構成員に再審の請求の理由について、事実の取調をさせ、又は地方裁判所、家庭裁判所若しくは簡易裁判所の裁判官にこれを嘱託することができる。〈後文省略〉」というものです。すでに述べたように、再審の請求を受けた裁判所は、請求人が提出した再審請求書や新証拠などを審査します。また、請求人とその相手方の意見を聴取します（刑訴規則286条）。しかし、「事実の取調」（証人尋問や検証を行なったり、鑑定を命じたり、検察官から未提出証拠を取り寄せたりして、判断の基礎となる情報を収集すること）は、「必要があるとき」に行うよう設計されています[→85頁、92頁]。

再審請求審は、職権主義構造であると言われます。手続に関する具体的な明文規定もありません。そのため、再審請求審の審理方針や運用方法、行われる手続内容などは、再審請求を受けた裁判所(裁判体)の「合理的な裁量」に委ねられています(最決昭28・11・24刑集7巻11号2283頁)。これにより、再審請求を受けた裁判所ごとに、実施される再審手続に差が生じます。再審請求審が職権主義構造であることが、ただちに不適切と評価されるわけではありません。裁判所が、人権保障の最後の砦として、再審請求審に積極姿勢で臨むことも期待できます。問題は、必ずしもすべての裁判体が積極姿勢を採るわけではなく、裁判体によって指揮・進行に大きな差が生じることです。これが、「再審格差」と呼ばれる問題です。また、再審請求審は公開されず、密行主義的に行われるため、外部的な批判・検証も困難です。本書冒頭の小説「えんざい」では、三者協議が会議室で非公開のまま行われました(Scene8)。そもそも、以下の通り、三者協議を実施するかどうかも、裁判所の合理的な裁量に委ねられています。

(3) 再審格差が具体的に表れる場面

〈再審請求審への熱量〉

日本の裁判所や公的機関には、誤判・冤罪の救済を求める者の訴えを専門的に扱う部署がありません。再審請求を受けた裁判所は、複数の通常事件と並行して、再審請求審を担当します。再審請求審で扱う事件は、すでに確定した「過去の事件」です。再審事件を迅速に処理するか、それとも「現在の事件」を優先させて再審事件を後回しにするかなどの基本的な方針は、その再審請求事件を受けた裁判体(裁判官)の合理的な裁量、問題意識や熱量などに左右されます。

本書冒頭の小説「えんざい」では、再審請求審を最初に担当した京都地方裁判所の裁判官が、「裁判員裁判の日程が詰まっている」などと述べて、三者協議の日程をなかなか設定しませんでした。それに対して、人事異動で新たに赴任した裁判官は、第2回三者協議を自ら望み、弁護人に日程調整を依頼しました。このように、再審請求審の日程や手続内容などは、担当する裁判官の問題意識や熱量に大きく左右されます。

〈三者協議の運用〉

再審の請求を受けた裁判所が、三者協議を行うことがあります。つまり、請求人・弁護人、検察官、裁判所の三者が、書面の提出期限を決めたり、請求人・弁護人から新証拠に関する説明を直接聴く機会を設けたり、証人尋問などを行うかどうかを検討したり、捜査機関が保管する証拠の開示を求めたりするために、打合せを行うことがあります。三者協議が実施される場合、30分から1時間程度の協議が約2カ月ごとに行われるのが標準的です。

本書冒頭の小説「えんざい」では、京都地方裁判所の裁判官が、三者協議を実施しました。しかし、三者協議を実施するかしないかは、裁判所の合理的な裁量に委ねられています。そのため、三者協議が一切行われないまま、再審請求棄却決定が突然に出される例もあります。また、実際に三者協議が実施されても、その実施方法に決まりがないため、形式的なものに留まる例もあります。協議の内容が、裁判所書記官によってどの程度詳しく調書化(文章化)されるかについても、事件ごとに差があります。過去には、協議の場で証拠一覧表の開示勧告が口頭で行われた事実が調書に書き残されていなかったり、弁護人の発言の趣旨が正確に記載されていなかった例もありました。三者協議が行われていても、裁判官の交代によって途中から実施されなくなった例もあります。

〈事実の取調べの実施〉

証人尋問や鑑定を行なったり、検察官から未提出証拠を取り寄せたりして、判断の基礎となる情報を収集することは、裁判所が「必要がある」と考えたときに行われます。新証拠と関連する鑑定を実施した鑑定人の証人尋問や、裁判官による現場検証などが、常に行われるわけではありません。証人尋問が行われた場合でも、ほぼ例外なく非公開とされています(すでに述べたように、日産サニー事件の再審請求審における証人尋問の公開が、唯一の例であると思われます)。

〈証拠開示に関する訴訟指揮〉

日本の刑事裁判では、捜査機関が収集したすべての証拠が裁判所に提出されるわけではありません。通常の刑事裁判(確定判決を言い渡した裁判)では、有罪の挙証責任を負っている検察官が、自身の主張を立証するために必要な証拠(被告人にとって不利な証拠)を裁判所に提出します。そのため、公判に提出されない「公判未提出証拠」が存在します。この中には、無罪方向の証拠(被告人にとって有利な証拠)が含まれていることがあります。

再審請求審では、請求人・弁護人からの求めに応じて、検察官が手持ち証拠を開示することもあります(任意開示)。しかし、ほとんどの場合、請求人・弁護人から請求を受けた裁判所が、検察官に開示を勧告したり、命令したりすることで、ようやく開示に応じるというのが実情です。裁判所がどのような態度・姿勢で証拠開示請求に応じるかについても、裁判所の合理的な裁量に委ねられています。本書冒頭の小説「えんざい」では、第1回三者協議を担当した裁判官と第2回三者協議を担当した裁判官で、パソコンの開示に対する姿勢が大きく異なりました。証拠開示に向けた訴訟指揮も、担当する裁判官によって差があります[→118頁以下]。

〈決定日の告知〉

多くの場合、請求人・弁護人が事前の通知を求めれば、裁判所は決定日を事前告知します。しかし、決定日の事前告知を定める規定は存在しません。そのため、再審請求に対する決定が突然に下されることがあります。その中には、裁判所から事前告知を行うことを告げられていたにもかかわらず、唐突に決定が下された例もあります。すでに述べたように、即時抗告の申立期間は、3日です(刑訴法422条)。誤った有罪判決を受けたとして救済を求める者にとって、決定に対する不服申立は、特に重要な手続です。しかし、決定日が事前に告知されなければ、事前に十分に準備することは困難です。ここにも、裁判所の裁量による「再審格差」が存在します。

⑷ 再審手続に臨む検察官の姿勢

再審請求審は、職権主義構造であるため、裁判所と請求人の二面構造です。検察官は、通常手続のように、請求人と対立する「当事者」として想定されていません。有罪の確定判決によって公訴権は消滅し、当事者としての訴追・立証活動はすでに完結しています。他方で、現行法は、再審請求審に検察官が関与することを想定しています(刑訴規則286条の「相手方」など)。

ところで、検察庁法4条は、検察官を「公益の代表者」と位置づけています。そのため、再審請求審における検察官の立場・位置づけが問題となります。再審手続は、誤った有罪判決を受けた者を救済する人権保障上の制度です。このことを踏まえれば、検察官は、再審手続でも「公益の代表者」として振る舞うことが予定されているはずです。

しかし、次節以降で述べるように、裁判所が行なった証拠開示勧告に応じずに開示を渋ったり、機械的な検察官抗告を行うなど、検察官がまるで通常手続の対立当事者のように再審請求審に臨むことも少なくありません。また、再審開始決定が確定し、再審公判が開かれた後、有罪立証も無罪求刑も行わずに求刑を放棄し、「裁判所に適切な判断を求める」などと言って裁判所に「下駄を預ける」こともあります(松橋事件、湖東事件など)。

2 証拠開示

(1) 通常手続における証拠開示

再審請求審における証拠開示の問題を扱う前に、通常手続における証拠開示に触れておきます。2004年の刑訴法改正までは、通常の裁判手続においても、捜査機関が収集したり検察官が持っている証拠の開示を定める規定が十分ではありませんでした。そのため、被告人・弁護人は、検察官がどのような証拠を手元に持っているかがわからないまま公判に臨み、防禦する必要がありました。また、無罪方向の証拠を利用する機会もありませんでした。

しかし、この状況は、裁判員裁判の導入によって大きく変わります。市民が裁判員として刑事裁判に参加して、充実した公判の審理を継続的・計画的かつ迅速に行うために、争点や証拠を事前に十分に整理しておく必要が生じたからです。そのため、2004年の刑訴法改正によって、争点・証拠の整理を行う事前準備手続(公判前整理手続)が設けられました(刑訴法316条の2以下)。その後、公判前整理手続における争点・証拠の整理のために、証拠開示手続が一定程度導入されました(刑訴法316条の14以下)。

具体的には、①検察官が公判で証明しようとする事実の立証に必要な証拠、②検察官が保管する証拠の一覧表、③刑訴法が定める一定の類型に該当し、上記①で開示された証拠の証拠価値を判断するために必要な証拠が、被告人・弁護人に開示されるようになりました。公判前整理手続を通じた証拠開示は、全面的なものではなく、一定の制約があります。公判前整理手続が行われるのは、裁判員裁判対象事件と裁判所が必要と認めた事件に限られ、すべての事件で行われるわけでもありません。そのため、証拠開示をめぐる問題がすべて解消されたわけではありません。しかし、被告人・弁護人が防禦の準備をするうえで、大きな役割を果たしています。ちなみに、公判前整理手続は、起訴後に実施される手続です。捜査段階における証拠開示制度は、現在も存在しません。

(2) 再審手続における証拠開示

再審請求にあたって、請求人が検察官に開示を求める証拠には、二つの方向性がありえます。一つは、①確定判決を言い渡した通常手続の段階で、検察官が提出していた有罪方向の証拠です。もう一つは、②捜査で収集していたものの、確定判決を言い渡した通常手続で提出しなかった無罪方向の証拠などの公判未提出証拠です。①②いずれの証拠も、検察庁が保管しています。

有罪方向の証拠のうち、通常手続に提出されたものは、請求人・弁護人もその存在を知っています。このような証拠であっても、本書冒頭の小説「えんざい」で問題となったパソコンのように、新たに鑑定し直すために開示を求めることがあります。②公判未提出証拠の中には、「無罪を言い渡すべき明らかな証拠」に該当するようなものもあります。実際に、通常審段階から存在していた無罪方向の証拠=「古い新証拠」が再審請求審で開示され、再審開始が決定して再審無罪判決に至った事件もあります(布川事件、東京電力女性社員殺害事件、松橋事件など)。しかし、このような証拠は、確定判決を言い渡した通常手続では、そもそも提出されていません。通常手続で公判前整理手続に付されていない事件や、証拠開示制度が導入される前に通常手続が行われた事件などは、証拠の一覧表が交付されているわけでもありません。再審請求人や弁護人は、捜査機関がそもそもどのような証拠を集めたのか、その存在を知ることさえ困難な場合が多いのです[具体例→118頁以下]。

再審手続における証拠開示について、刑訴法は規定を設けていません。証拠開示の基準や手続などは、すべて裁判所の裁量に委ねられています。そのため、裁判体の訴訟指揮の違いが証拠開示を大きく左右します。また、裁判所が証拠開示を勧告しても、検察官が開示を渋ることもあります。本書冒頭の小説「えんざい」で三者協議に臨む裁判官や検察官の姿勢は、これを示しています。さらに、証拠開示の勧告を受けた検察官が「不存在」と回答した証拠が、後に発見されるケースもあります(袴田事件第二次即時抗告審、大崎事件第三次請求審など)。明文規定が存在しないことに加え、裁判所や検察官の姿勢が、再審手続における証拠開示を困難にすることも少なくありません。

実は、2016年に刑訴法が改正されたとき、再審手続における証拠開示の導入が議論されました。2016年改正は、いわゆる「郵便不正事件」などを契機として[→234頁]、「度重なるえん罪事件への反省を踏まえて重ねられた議論」に基づいて実現したものです(第189回国会閣法第42号附帯決議)。再審手続は、誤った有罪判決を受けた者を救済する人権保障上の制度です。本来であれば、このような契機で改正する際に、優先的に議論すべき手続です。実際に、第189回国会衆議院法務委員会などでも、再審手続における証拠開示が議論されています。しかし、結果として、再審手続における証拠開示手続の明文化は先送りされました。

もっとも、刑事訴訟法等の一部を改正する法律(平成28年第54号)附則9条3項は、「政府は、この法律の公布後、必要に応じ、速やかに、再審請求審における証拠の開示……〈中略〉……について検討を行うものとする」と規定し、再審手続における証拠開示を将来的な検討課題と位置づけました。そして、この検討のために、関係機関による協議の場が設けられました。しかし、現時点では、議論はまったく進展していません。

⑶ 関連する問題

証拠開示に関する問題は、証拠の保存・保管に関する問題と表裏一体です。証拠が適切に保存・保管されていなければ、証拠開示制度が整備されても有効に機能しないためです。ここでは、関連する二つの問題を、簡潔に指摘します。

一つは、生体証拠の保存・保管に関する問題です。足利事件や東京電力女性社員殺害事件などでは、DNA型の再鑑定が再審開始や再審無罪判決にとって大きな役割を果たしました。DNA型の再鑑定は、鑑定資料が劣化・汚染せずに、事後検証を可能にする状態で保存・保管されていることが前提です。しかし、鑑定溶液の廃棄、常温保存、全量消費などにより、再鑑定ができない例も存在します[具体例→123頁以下]。

もう一つは、捜査段階で収集した証拠のリスト化に関する問題です。捜査段階で、警察が検察官に事件を送致する際に、すべての証拠を送致しているわけではありません。そのため、検察官も存在を知らない証拠が、警察内部に保管されていたこともあります[具体例→120頁以下]。このような事態を防ぎ、警察・検察の間で証拠を共有するためには、収集した証拠をすべて検察官に送致し、送致した証拠のリスト化を義務付ける必要があります。

3　検察官抗告

再審開始決定に対しては、不服申立を行うことができます[→86頁]。刑訴法450条は、不服申立できる者を明示していません。そのため、検察官も、不服を申し立てることができると解されています。再審開始決定に対して検察官が不服を申し立てることを、検察官抗告の問題と言います。

かつては、再審開始決定に対して検察官が抗告する例は、多くありませんでした。しかし、死刑事件である免田事件、財田川事件、松山事件、島田事件について再審開始が決定されると、検察官は抗告する姿勢を明確にしました(この4事件は、いずれも再審無罪判決が確定しています)。特に、2000年代に入ってからは、地裁が行なった再審開始決定に対する即時抗告に加え、高裁が行なった再審開始方向の決定に対する特別抗告も多く見られます(布川事件、松橋事件、湖東事件、大崎事件、日野町事件)。

再審開始決定が出たということは、確定判決の事実認定に合理的な疑いが生じたことを意味します。第二段階である再審公判に速やかに移ることが予定されるはずです。また、すでに述べたように、再審請求段階における検察官は、「公益の代表者」として裁判所の適切な職権行使をサポートしたり、再審制度の理念である「無辜の迅速な救済」を目指すべき立場にあります。これらを踏まえれば、再審開始決定に対する検察官抗告は許されないはずです。しかし、検察官抗告によって再審請求審が肥大化・長期化し、再審公判がなかなか開かれないという事態が生じています。また、検察官抗告によって、再審開始決定が取り消されることもあります。その間に、請求人や関係者が高齢化したり、亡くなるケースも存在します[具体例→115頁、130頁]。

4 その他

本章で挙げたほかにも、再審手続には数多くの問題が存在します。再審請求を行うためには、弁護人の援助が不可欠です。しかし、現行の刑訴法に、再審請求手続における国選弁護に関する規定はありません。また、憲法違反を理由とする再審や、誤判・冤罪を検証する第三者機関も存在しません。

加えて、弁護士側の問題も指摘できるかもしれません。再審請求事件の中には、通常手続段階の弁護活動に疑問が残る事件もあります。また、時間的・経済的に、すべての弁護士が再審弁護を担えるわけではありません。再審弁護が高度な専門性を帯びていることもあり、再審手続が「弁護士であれば誰でも担当できる手続」になっていないことも、問題点として挙げられるかもしれません。

いずれにせよ、再審をめぐる問題は、再審手続に関する規定の不備と、再審手続の実務運用の両方が作用して生じていることがわかります。そのため、現行憲法の理念に基づいて、再審手続の規定を改めるべきであると認識されてきました。具体的な改正案策定に限っても、日本弁護士連合会は、1962年以降、４度にわたって改正案を提示してきました。そして、2023年２月には、「刑事再審に関する刑事訴訟法等改正意見書」を公表しました。1991年以来、実に32年ぶりとなる2023年改正案の概要は、本書の末尾に添付しています[→219頁]。

国会も、再審規定の改正に常に無関心だったわけではありません。第40回国会衆議院法務委員会は、吉田巌窟王事件の吉田石松を法務委員会に参考人として呼んだり、法務委員会再審制度調査小委員会を設置して日弁連1962年改正要綱を検討したりしました。第80回国会参議院法務委員会も、日弁連1977年改正案に触れながら、再審制度を取り上げました。法務大臣・福田一(当時)や、法務省刑事局長・伊藤榮樹(当時)は、再審規定の検討について消極・対立的な立場を採らず、検討する姿勢を示していました。第101回国会参議院法務委員会でも、死刑確定者に対する相次ぐ再審無罪判決を受けて、再審規定の改正が議論されました。

2023年の通常国会では、衆議院予算委員会(第三分科会)で、自民党の塩崎彰久議員が再審手続における証拠開示制度と検察官抗告の妥当性について質問しました。その後、日野町事件・袴田事件で高裁による再審開始方向の決定が続いたことを受けて、再審制度を問う質問が相次ぎました。衆議院では大石あきこ議員(れいわ新選組)、参議院では牧山ひろえ議員(立憲民主党)、鈴木宗男議員(日本維新の会)、福島みずほ議員(社民党)が、それぞれ質問に立ちました。この問題が、党派を超えた重要課題になりつつあることを示しています。

しかし、現在に至るまで、再審手続に関する規定は改正されていません。誤った有罪判決を受けた者の救済は、人道上の問題です。それにもかかわらず、日本国憲法のもとで全面的に改訂された現行刑訴法は、一世紀も前につくられた再審の規定をほぼそのまま維持しています。その結果、次章「実際に起こった問題」で挙げるような問題が生じています。このような構造的問題を、法解釈で解決するには限界があります。ここに、現行憲法の理念を踏まえ、再審規定を整備する必要性が認められます。

実際に起こった問題

1 はじめに

2023年の2月から3月にかけて、日本の再審の歴史が大きく動くことを予感させる出来事が続きました。過去に再審開始決定が出されたものの、検察官の不服申立(抗告)によって審理が長期化していた二つの事件で、高等裁判所が相次いで再審開始方向の決定を出したのです。

まず2月27日、日野町事件で、大阪高裁が検察官の即時抗告を棄却し、再審開始を認める決定をしました。この事件は、滋賀県日野町で、何者かが酒屋の女性店主を殺害し、金庫を奪ったとされる強盗殺人事件です。店の常連客だった阪原弘さんが警察に任意同行され、自白したことから逮捕、起訴され、無期懲役の有罪判決が確定しました。阪原さんは、自白は捜査機関に強要されたものであるとして無実を訴え、再審請求を行なっていましたが、服役中に病死し、再審事件は終了しました。その後、遺族が申し立てた第二次再審で、事件から34年後の2018年7月、大津地裁が、死後再審としては徳島事件以来となる再審開始決定をしました。ところが、これに検察官が即時抗告したことで、4年7カ月もの間、高裁で審理が続いていたのです。そして今回、地裁と高裁が再審開始の判断を重ねたのに、検察官はまたしても高裁決定を不服として最高裁に特別抗告を行い、審理はさらに長期化することとなりました。やり直しの裁判の本番である再審公判には、いまだたどり着いていません。無実を訴え続けて亡くなった阪原さんの名誉を回復したいという遺族の願いは、いつになったら叶えられるのでしょうか。

日野町事件の大阪高裁決定から２週間後の３月13日、袴田事件第二次再審の差戻し後即時抗告審の東京高裁が、再審を認める決定をしました。この事件は1966年６月に静岡県旧清水市の味噌製造会社の専務一家４人が殺害された強盗殺人、放火事件で、1980年に元プロボクサーの袴田巖さんの死刑判決が確定していました。袴田さんの有罪の決め手となったのは、事件から１年２カ月も経った静岡地裁での裁判中に、突然味噌タンクの中から発見された血染めの衣類、いわゆる「５点の衣類」について、袴田さんが犯行時に着用し、犯行後に味噌タンクに隠したものであると認定されたことでした。しかし、今回の東京高裁の決定は、５点の衣類は発見時に血痕の赤みが残っていたとされるが、実際に１年２カ月味噌タンクに漬かった場合、血痕に赤みは残らないとして、５点の衣類は袴田さんではなく、捜査機関が発見される直前に味噌タンクに隠した可能性が極めて高い、と判断しました。つまり、５点の衣類は捜査機関によるねつ造証拠だったと実質的に認めたのです。

捜査機関が証拠をねつ造したことで、無実の人間が死刑になっていたかもしれなかった、という衝撃の事実を、マスコミは連日大々的に報じました。そして、検察官は特別抗告を断念し、袴田さんは事件から57年目にして、ついにやり直しの裁判、再審公判に進むことになりました。

しかし、これを手放しで喜ぶわけにはいきません。袴田事件では今から９年も前の2014年３月に、静岡地裁で再審開始決定が出されていました。このときも「５点の衣類」が捜査機関のねつ造によるものであると指摘されました。そのことを前提として、村山浩昭裁判長は、これ以上袴田さんを死刑囚として拘置（身体を拘束）することは「耐え難いほど正義に反する」と述べて、再審開始決定と同時に拘置の執行停止も決定して、袴田さんを釈放したのでした。ところが、この決定に検察官が即時抗告し、これを受けた東京高裁は2018年６月、再審開始決定を取り消してしまいました。今度は弁護団が最高裁に特別抗告したところ、最高裁は「５点の衣類の血痕の色から赤みが消えるメカニズムが科学的に解明されていない」として、東京高裁に審理のやり直しを命じました(差戻し)。その、やり直しの即時抗告審での結論が、前述の再審開始決定(検察官の即時抗告棄却決定)になります。もし、静岡地裁の決定からそのまま再審公判に進んでいれば、袴田さんはとっくに無罪判決を勝ち取っていたでしょう。事件当時30歳だった袴田さんは現在87歳、長年にわたる身体拘束と死刑執行の恐怖から心を病んでしまった弟に代わって再審請求人となっている姉のひで子さんは90歳です。

このように、日野町事件と袴田事件の経緯は、本人が生きているうちに再審無罪を獲得することが、いかに難しいかを物語っています。なぜ、無実の人が再審無罪になるまでに何十年もかかるのでしょうか。その理由の大きな部分を占めているのが、「現在の刑事訴訟法の再審に関する規定の不備」です[→103頁]。とりわけ、再審請求手続に証拠開示に関する規定が「ないこと」と、再審開始決定に対する検察官の抗告を許容するような条文が「あること」が、再審の審理をいたずらに長期化させているといえます。

そしてそれは、再審に関する刑訴法の条文が、日本国憲法制定後も大正刑訴法の規定をほぼそのまま踏襲したことにより、適正手続や人権保障の観点から必要になるはずの条文が存在せず、逆に不要な条文が削除されずに存在し続けている結果起こっているミスマッチなのです。

ここからは、袴田事件、日野町事件をはじめ、実際の再審事件が直面した法の不備と、それがもたらす問題点を明らかにします。

2　再審における証拠開示のリアル

(1)　証拠開示に費やされる膨大な年月とエネルギー

再審の審理が長期化している原因の一つは、再審請求段階における証拠開示に関する手続がルール化されていないため、証拠開示をめぐる攻防に膨大な年月とエネルギーを要することです。

袴田事件の再審開始決定が「５点の衣類」をねつ造だと判断したのは、証拠開示によってもたらされた「古い新証拠」の存在によるものでした。５点の衣類の発見直後に撮影されたとされるカラー写真が開示され、そこには１年２カ月も味噌漬けになっていたとはとても思えない鮮やかな赤色の血痕と、それぞれの衣類のもとの色が克明に写っていました。また、５点の衣類のうちのズボンは、小さくて袴田さんには穿けませんでした。このズボンには「Ｂ」というタグが付いていたのですが、控訴審のとき、検察官はこれを「Ｂは『Ｂ体』(大きなサイズ)を示しており、ズボンは味噌に漬かって縮んだのだ」と主張していました。しかし、ズボンの製造会社の社員の供述調書が開示され、「Ｂ」は色を示すものであることを捜査官に説明する内容が記載されていたばかりか、「Ｂ色」と書かれたタグのサンプルまで提出されていたことがわかりました。つまり捜査機関は、「Ｂ」がサイズではなく色を示すことを知っていたのです。

問題は、これらの証拠が開示されたのは、第二次再審請求が審理されていた2010年９月以降だということです。袴田事件の第一次再審は、終結までに何と27年もかかっているのですが、弁護団がいくら証拠開示を求めても、検察官はこれに応じず、裁判所も証拠開示勧告などの訴訟指揮をしなかったため、27年間でただの１点の証拠も開示されませんでした。開示証拠が再審開始に大きく影響しただけに、これらが第一次再審段階で開示されていたら、袴田さんの雪冤はもっと早く実現していたのではないかと考えられます。

2011年5月、桜井昌司さんと杉山卓男さんの再審無罪が確定した布川事件も、再審請求段階での証拠開示が再審開始、再審無罪をもたらした事件です。しかし、その道のりは非常に険しく困難なものでした。弁護団は当初、検察官に対し、未開示の証拠すべてと、そのリストの開示を求めましたが、検察官は「証拠漁り」は認めないと拒絶し、裁判所も何らの対応も取りませんでした。そこで弁護団は、すでに明らかになっている証拠から、他の証拠の存在可能性を具体的に示して個別に証拠開示請求をするという手法で、繰り返し粘り強く証拠開示請求を行いました。第二次再審では20回を超える証拠開示請求を行なった結果、桜井さんの自白を録音したテープに編集痕があること、犯人を目撃したという第三者が、桜井さん、杉山さんとはまったく異なる特徴を供述していたことなどが、開示された証拠によって次々と明らかとなりました。しかし、このような多数の証拠が開示されたのは、事件から35年も経った2002年以降でした。

そもそも、事件当時、捜査機関がどのような証拠を集めたのか、弁護人が知る手立てはありません。他の証拠を手掛かりに探索したり、捜査機関が通常作成するであろう証拠を、いわば「当てずっぽう」で開示請求するわけですから、効率も悪いし時間がかかるのは当然です。せめて、捜査機関の手の内にある証拠の一覧表を先に開示する制度があれば、「こんな証拠ありませんか?」「いや、ありません」「じゃあ、これはどうですか?」といった不毛なやりとりをして、いたずらに時間を浪費することを回避できるはずです。

(2) 証拠の一覧表と未送致証拠

もっとも、証拠の一覧表があれば大丈夫、という話ではないことを示しているのが日野町事件です。この事件では第一次再審請求の段階で、弁護団が全面的な証拠開示請求を行なったところ、裁判所が検察官に対し、未提出記録一覧を書面で提出するよう求めました。検察官は、警察から送致された送致書(警察が検察に証拠を送るときに付ける目録のようなもの)の写しをもとに、書類の標目、作成年月日、作成者、そして内容の要旨を記載した一覧表を作成し、弁護人に開示したのです。今でこそ、2016年の改正刑訴法で、通常の裁判については「証拠の一覧表の交付制度」(刑訴法316条の14)が導入されましたが、日野町事件の第一次再審当時は、再審請求審ではもちろん、通常審でも証拠の一覧表を開示させる制度はありませんでしたから、裁判所の訴訟指揮も、それを受けて一覧表を作成した検察官の対応も、画期的だったといえます。

他の再審事件が証拠の全容をつかめずに苦戦する中、日野町事件ではこの一覧表を用いて、必要な証拠の開示を求めることができました。しかし、警察の収集した証拠がすべて検察官に送られていないこともあるのです。確定判決が阪原さんを有罪と認定するにあたり大きく影響したのが、「引当て捜査報告書」という、阪原さんが奪った金庫を捨てた場所や、死体発見現場に捜査官を自らすすんで案内できたとする報告書でした。この報告書は警察から検察に送られ、検察官も確定審段階で証拠として請求していたわけですが、報告書に貼られていた写真のネガフィルムは、警察から検察に送られていませんでした。第二次再審段階で、裁判所の勧告により、警察から検察に送致されていなかったネガフィルムが開示されました。そのネガを調べると、「阪原さんが死体発見現場に自らすすんで案内できた」ことを示していた写真は、大部分が「帰り道」で撮られていたことがわかりました。また、死体発見現場では、阪原さんに死体を模した人形を持たせて再現させていたのですが、警察は、まず人形を持たせない状態で、阪原さんに捜査機関の見立てに沿うように再現させるべく「リハーサル」をさせて、その後に人形を持たせて「本番」をやらせていたことが、ネガフィルムから明らかとなりました。

このように、開示されたネガフィルムは、警察が「インチキ」をして引当て捜査報告書を作成したことを露見させ、再審開始決定への大きな原動力になりました。しかし、証拠の一覧表が開示されている日野町事件でさえ、検察に送致されていなかったネガフィルムが日の目を見るには、第二次再審段階まで待たなければならなかったのです。

⑶ 「不見当」「不存在」の壁

裁判所が検察官に証拠開示を促したとしても、証拠を保管しているのは検察官であるため、その証拠を探し出して開示するのは検察官の仕事です。検察官はしばしば、開示請求されている証拠について「不見当」とか「不存在」と回答します。「不見当」というのは、「存在は否定できないけれど、探しても見つからなかった」という意味なので、後になって「別のところを探したら出てきました」という弁解とともに開示されることもあります。一方「不存在」と回答された場合、裁判所も弁護人もそれ以上確かめるすべを持ち合わせません。しかし、実際の再審事件では、検察官が「不存在」と回答していた証拠が後に開示されたこともあるのです。

大崎事件では、第二次再審請求審(鹿児島地裁)の中牟田博章裁判長が、証拠開示に向けた訴訟指揮を一切せず、「第一次再審で開示したもの以上には存在しない見込み」とする検察や、「過去に存在していたとしてもすべて検察に送っている」とする警察の回答を鵜呑みにし、「捜査機関の回答に疑わしいところは見当たらない」と述べて再審請求を棄却しました。

弁護団の即時抗告を受けた福岡高裁宮崎支部の原田保孝裁判長は、袴田事件で再審開始決定をした村山浩昭裁判長の前任者で、この事件で600点もの証拠が開示されるきっかけとなった、書面による証拠開示勧告を行なった裁判長でした。原田裁判長は、大崎事件でも検察官に対し、「証拠の存否を調査して、標目を作って弁護人に提示せよ」と書面で勧告しました。検察官は証拠の標目は開示しませんでしたが、自らが調査して開示に弊害がないことを確認したとして、213点もの証拠を新たに開示しました。うち30数点は志布志警察署から出てきたものでした。前述の検察、警察の回答は虚偽だったことになります。

そして、第二次再審即時抗告審で証拠開示を行なった後、検察官は、「これで大崎事件の証拠はすべて開示した。不見当ではなく、不存在である」と明言しました。

ところが、第三次再審請求審の鹿児島地裁がさらに証拠開示勧告を行なったところ、志布志警察署から、新たに18本の未開示ネガフィルムが出てきました。見つかった場所は「志布志警察署生活安全課写真室吊り棚」という、本来であれば真っ先に探すべき場所でした。第二次即時抗告審で明示された、検察官の「不存在」という回答も虚偽だったことになります。そして、この最後に開示されたネガフィルムの中に、大崎事件の真実ともいうべき重要な事実が秘められていました。

袴田事件では、再審開始への大きなインパクトとなった「５点の衣類」の発見直後のカラー写真が第二次再審請求審段階で開示されたことを前述しましたが、その際、弁護団がネガフィルムの開示も求めたのに対し、検察官は「不存在」と回答していました。ところが、静岡地裁で再審開始決定がされた後、検察官は即時抗告審で自らの主張を裏付けるためとして、「不存在」と回答していたはずのネガフィルムを出してきたのです。

静岡県の高校の校長だった男性が収賄罪で有罪となり、その後再審請求を行なっている天竜林業高校事件では、検察官が「不存在」と回答していた証拠が、後になって別途申し立てられた贈賄側の男性の再審請求で開示されました。収賄側の元校長の事件は、すでに最高裁の特別抗告審段階だったため、最高検察庁の検事が、このような事態となったことについて謝罪しました。しかし、最高裁は法律審(法や判例の解釈のみを行う裁判所)であるため、開示された証拠が取り調べられることはなく、元校長の再審請求は棄却されてしまいました。

一方、実際に廃棄したり紛失したりして、元被告人に有利な無罪方向の証拠が失われてしまうことは、一層深刻な問題です。特にDNA型鑑定の資料となるような生体証拠については、開示の前提としての適切な保管が不可欠となります。しかし、足利事件と同じMCT118型のDNA型鑑定結果が決め手となって久間三千年さんの死刑が確定し、足利事件の再審でDNA型再鑑定の実施が報じられた直後に死刑が執行された飯塚事件では、鑑定資料の全量消費により再鑑定が不能であるとされました。科学の進歩に伴って、過去の鑑定に誤りがなかったかを後の世で検証することは、まさに「科学」が「科学」であるために不可欠の営みです。しかし、その「再試可能性」を担保する制度が、この国の刑事手続には存在しないのです。

(4) 再審請求前、再審公判段階での証拠開示

再審請求をしようとする請求人や弁護人は、刑訴法の条文上、「無罪を言い渡すべき明らかな新証拠」を自ら携えて再審請求を行うことを求められています。しかし実際には、私たちの税金を財源として圧倒的な証拠収集能力を誇る捜査機関が、被告人に有利不利を問わずあらゆる証拠を地引網のようにさらっていくため、再審請求人や弁護人が独自に新たな証拠を発見、発明するのは至難のわざです。一方、捜査機関の手の

内にある無罪方向の証拠＝「古い新証拠」が再審開始の原動力になったケースも多くみられるのですが、いまだ裁判所の関与のない再審請求前にそれらの開示を受けることは、再審請求後よりも困難といわざるをえません。

唯一、再審請求前に弁護団が検察庁に証拠物の閲覧に赴いた際、通常の運用であれば確定審で提出された証拠物だけが対象となるところ、偶然未提出の証拠物まで閲覧できた事件として、宮田浩喜さんが殺人罪の犯人とされ懲役13年の刑で服役した後に再審無罪となった、熊本の松橋事件があります。この事件では、凶器とされた小刀に血痕がついていなかったことから、捜査機関は宮田さんに「自分のシャツの左袖を切り取った布を小刀に巻き付けて刺し、犯行後に燃やして捨てた」という自白をさせていました。ところが、弁護団が閲覧した証拠物の布切れを繋ぎ合わせてみたところ、シャツが完全な形でできあがりました。燃やして捨てたはずの左袖部分は、検察庁に保管されていたのです。これが有力な新証拠となって、宮田さんは再審無罪となりました。しかし、再審請求前の段階で、捜査機関に保管されている未提出証拠へのアクセスを認めるルールはなく、このままでは松橋事件は「幸運な偶然」がもたらした再審無罪ということになってしまいます。

一方、再審開始が確定した事件の中に、再審請求段階では証拠開示が実現せず、再審公判になって初めて、警察から検察に送致されていなかった証拠が開示された事件もあります。2020年３月に再審無罪判決が言い渡された湖東事件です。この事件では、再審が開始された第二次再審の即時抗告審に至るまで、１点の証拠開示も実現していませんでした。再審開始が確定した後、再審公判に向けた裁判所、検察官、弁護人の三者協議において、当初検察官は有罪を主張する旨を表明していました。ところが、半年ほど経ったときに、検察官は突然、有罪立証は行わない方針に転換するとの書面を提出しました。その後、弁護団の証拠開示請求によって、滋賀県警が検察庁に送致していなかった証拠が多数開示されました。その中に、被害者の死因を「人工呼吸器のチューブを抜いたために酸素の供給が途絶したことによる窒息死」と鑑定していた医師が、当初は警察官に「痰詰まりによる酸素供給低下状態で心臓停止したことも十分に考えられる」と述べていたことを示す捜査報告書があったのです。再審手続の最終段階である再審公判になって初めて、そもそも「被害者」は病死であった可能性を示す証拠が隠されていたことが判明するという事態に、再審無罪判決の言い渡し後、大西直樹裁判長は次のように述べました。

「本件再審公判の中で、15年の歳月を経て、初めて開示された証拠が多数ありました。そのうちの一つでも適切に開示されていれば、本件は起訴されなかったかもしれません」

⑸ 「抵抗勢力」への反論

再審事件において、検察官の証拠開示への姿勢は極めて消極的です。その背景には、1980年代に死刑事件の再審で再審無罪が相次いだことから最高検察庁が秘密裏に検証を行い、その結果をまとめた「再審無罪事件検討結果報告——免田・財田川・松山各事件」の存在があります。ここでは、死刑事件での冤罪を真摯に反省するというより、なぜ有罪の主張が裁判所に認められなかったのかという観点からの検討が加えられています。とりわけ、各事件で検察官が確定審における未提出記録(証拠)を、裁判所の求めに応じて提出したことを自己批判し、「請求人が不提出記録から何か自己に有利な証拠を探そうという証拠漁りを許すようなことがあってはならない」と述べています。この報告書が作成されてから、再審における証拠開示に対する検察官の消極姿勢が徹底されたといわれています。しかし、証拠はそもそも検察官が独占してよいものなのでしょうか。証拠とは、真実を発見するために、公費を投じて収集された「公共財」であり、無実の人を救済するための最後のチャンスとなる再審請求手続でこれを活用できないというのは、どう考えてもおかしいのではないでしょうか。

2016年の改正刑訴法の内容を検討していた法制審議会「新時代の刑事司法制度特別部会」では、再審段階における証拠開示の規定を盛り込むべきかについて議論がされました。しかし、前述のとおり立法化は見送られたまま、現在に至っています[→110頁]。このときの、立法化に消極的だった側の意見を集約すると、おおむね①個々の事案ごとに裁判体がそれぞれ努力して適切な証拠開示が行われているから、立法の必要性に乏しい、②再審事件は千差万別であり、再審請求審における証拠開示について一般的なルールを設けること自体が困難である、③職権主義的構造をとる再審請求審において手続構造の異なる当事者主義が妥当する通常審の証拠開示制度を転用することは整合しない、というものでした。

しかし、①については、同じ事件でありながら、担当した裁判体によって証拠開示の対応が極端に異なった大崎事件の実例を見れば、この意見はまったくのフィクションであることがわかります。また、②については、まさに多様な場面に対応できる適正なルールを創造することこそが立法作用の中核であり、この意見は立法の役割を放棄しているに等しいものです。さらに、③については、当事者主義構造の条文を転用できないというのであれば、職権主義に適合する証拠開示のルールを創設すればよいだけの話です。現に、通常審も再審も職権主義構造を採るドイツでは、再審請求段階での弁護人は、通常審以上の証拠や記録にアクセスできるようになっています。

そもそも、再審請求審における職権主義とは、「無辜の救済」という目的のために裁判所が適切に職権を行使すべきという意味ですから、裁判所が真実を発見し、再審を求める者の人権を保障すべく適切に職権を行使するためには、捜査機関が収集した証拠にアクセスすることも当然の要請となるはずではないでしょうか。また、法は再審請求人に対し、請求人自らが明白な新証拠を携えて再審請求を行うことを要求しています。そうであるならば、捜査機関が公費で集めた「公共財」である証拠を再審請求人に利用させないという理屈は通らないのではないでしょうか。

再審における証拠開示の問題は、日本国憲法が保障する「裁判を受ける権利」や「適正手続」という根源的な観点からも光を当てる必要があります。

3　再審開始決定に対する検察官抗告のリアル

(1)　21世紀になり激化した検察官の抵抗

再審の審理が長期化している原因のもう一つは、言うまでもなく、再審開始決定に対して繰り返される検察官の抗告にあります。

再審請求に対する決定について即時抗告ができる場合を定めた刑訴法450条は、即時抗告を申し立てることのできる決定の中に「第448条第1項の決定」、すなわち再審開始決定を含めています。この条文には「主語」がないため、誰が抗告を行うことができるのかについては明言していません。しかし、実際に再審開始決定がされた多くの事件において、検察官はこの条文を根拠として、当然のように抗告を行なっています。

再審開始決定に対する不服申立には、先に解説したとおり、即時抗告、異議申立、特別抗告がありますが[→86頁]、このうち、最高裁に対する特別抗告は、高裁のした再審開始決定に憲法違反か最高裁判例違反がある場合しかできません。実は、1980年代の「死刑４再審」のうち、検察官が特別抗告まで行なったのは、高裁で逆転の再審開始決定がされた免田事件のみでした。日弁連の支援事件の中で1990年代に唯一再審無罪となった榎井村事件でも、検察官は抗告を行いませんでした。一方、21世紀に入ってから再審開始決定が出された著名事件のうち、検察官が抗告を行わず、請求審の再審開始決定がそのまま確定したのは、足利事件と大阪強姦事件の２件だけです。地裁と高裁が再審開始判断を重ねた事件では、布川事件(第二次)で初めて検察官による特別抗告がされ、その後、松橋事件、大崎事件(第三次)、そして前述の日野町事件(第二次)でも検察官が特別抗告を行なっています。袴田事件では審理の経過や世論の強い反発もあり、検察官は特別抗告を断念しましたが、総じていえば、21世紀に入ってからの方が、検察官は再審開始決定に対し、ほぼ脊椎反射的に抗告を繰り返しているといえます。

次項以下で、検察官の抗告の実態や、それがもたらす深刻な現状を見てみましょう。

⑵　特別抗告申立書の「コピペ」問題

前述のとおり、検察官は、布川事件第二次再審において、地裁と高裁が重ねた再審開始判断に対して、最高裁に特別抗告を行いました。そこでは、白鳥・財田川決定が示した証拠の「新規性」と「明白性」の基準について、検察官は、再審を認めにくくする方向の独自の解釈を加えた内容を、それが「判例」の基準である、と述べたうえで、地裁と高裁の再審開始決定を「判例違反」であると主張しました。しかし、最高裁は検察官の主張を容れず、「証拠の新規性及び明白性を認めて本件各再審請求をいずれも認容すべきものとした原々決定(地裁の決定)を正当とした原判断(高裁の決定)に誤りがあるとは認められない」と明言して検察官の特別抗告を棄却しました。

ところが、検察官は、布川事件と同様に、地裁と高裁が再審開始判断を重ねた松橋事件でも、布川事件のときと同じような理屈を立てて、最高裁に特別抗告を申し立てました。しかしその後、検察官が補充の意見書等を提出することもないまま、10カ月後に最高裁は検察官の特別抗告を棄却しました。しかも検察官は、再審公判ではまったく有罪の主張は行わず、1回の公判期日で結審し、宮田さんに無罪判決が言い渡されました。

検察官のこのような態度を事後的にみると、そもそも検察官は、本気で再審開始の判断を覆そうと考えていたのではなく、ただ機械的に特別抗告を行なったのではないかという疑念を払拭できません。それはとりもなおさず、宮田さんの雪冤までの道のりを、いたずらに引き延ばしたことにほかならないのです。

松橋事件の特別抗告申立は2017年12月4日でした。その16日後の12月20日、大津地裁が再審請求を棄却し、弁護団が大阪高裁に即時抗告していた湖東事件第二次再審で再審開始決定が出されました。検察官はここでも、憲法違反や判例違反など認められないことを承知のうえで、特別抗告を申し立てました。驚いたことに松橋事件の特別抗告から3週間後にされた湖東事件の特別抗告申立書は、松橋事件の特別抗告申立書に記載された証拠の新規性、明白性についての判断基準が論じられた部分が、一言一句まったく同じであり、いわゆる「コピペ」といえるものでした。まさに「機械的な」抗告だったといえます。

さらに、湖東事件の特別抗告審では、検察官は、「法律審」であり事実の取調べを行う機能を持たない最高裁に対し、被害者の遺体を解剖した医師があらたに検察官に供述した「検察官面前調書」を提出し、これを証拠として取り調べるよう請求するなど、何としても再審を認めさせないと言わんばかりの、なりふり構わない活動を行いましたが、2019年３月、最高裁は検察官の特別抗告を棄却し、再審開始が確定しました。

⑶　抗告がもたらす悲劇

再審開始決定に対する検察官の抗告は、再審を闘っている当事者やその家族に深刻な人生被害をもたらしています。

名張事件では、第七次再審で2005年４月に名古屋高裁が再審開始決定を出しましたが、検察官の異議申立により同じ名古屋高裁の隣の部で再審開始決定が取り消され、その後最高裁による破棄差戻しを経たものの、結局再審は認められませんでした。再審請求人の奥西勝さんは第九次再審の途中、八王子医療刑務所において89歳で無念の獄死を遂げました。現在は第十次再審の特別抗告審が最高裁に係属しています。事件からはすでに61年が経過し、亡き兄のために死後再審を請求している妹の岡美代子さんもすでに93歳になっています。

大崎事件では、第一次再審の2003年３月に鹿児島地裁が再審開始決定をしましたが、検察官の即時抗告により福岡高裁宮崎支部で再審開始を取り消され、その後2017年の第三次再審請求で鹿児島地裁が15年ぶりとなる２度目の再審開始決定を出しました。検察官はここでも即時抗告しましたが、2018年３月、今度は福岡高裁宮崎支部も再審開始決定を維持しました。これに対し検察官が特別抗告を行なった結果、2019年６月、最高裁は、検察官の特別抗告には理由がないとしながら、自ら職権で調査した結果として再審開始決定を取り消し、再審請求を棄却してしまいました。その後の第四次再審では請求審の鹿児島地裁も、即時抗告審の福岡高裁宮崎支部も再審を認めず、審理の場はまたしても最高裁に移りました。事件から44年が経過し、一度も自白することなく一貫して無実を訴え続けている原口アヤ子さんは、96歳となっています。

最終的には再審無罪を勝ち取った事件でも、その過程において、検察官の抗告が当事者やその家族を苦しめました。

東住吉事件では、大阪地裁が再審開始を決定した際、無期懲役刑で服役していた請求人二人の刑の執行停止も認められました。ところが、検察官が再審開始決定に対し即時抗告を申し立て、さらに刑の執行停止の取消しまで求めたため、裁判所が刑の執行停止を取り消してしまいました。請求人のうちの一人である青木惠子さんによれば、すでに受刑中の居室を片付けて私物を処分し、出所の準備を完了して、今まさに刑務所から出ようとしたそのタイミングで、刑の執行停止の取消しが告げられたそうです。青木さんは刑務所内に逆戻りすることになり、再び囚人服を着せられて受刑作業に戻るよう言い渡されたのでした[巻末付録→214頁]。

その後、大阪高裁でも再審開始が認められ、再審開始が確定して刑の執行停止により釈放されるまで、青木さんはさらに3年半も服役することを余儀なくされたのです。

湖東事件では、大阪高裁の再審開始決定に対し、検察官が特別抗告を申し立てたのは12月25日、クリスマスの日でした。再審請求人の西山美香さんは、再審開始の喜びを胸にショッピングを楽しんでいました。そこに自宅から電話があり、家族から「検察官が特別抗告をしてマスコミが大勢押しかけているからすぐ帰るように」と伝えられたといいます。西山さんは、特別抗告に憤った父親と言い争いになって一時期家庭内不和になるなど、1年3カ月にわたる特別抗告審の審理期間はとても辛かったと振り返りました[巻末付録→215頁]。

検察官の抗告によって再審公判に至るまでの審理が長引くことで、

「その人の人生にとっての、その時期」という、決して埋め合わせのできない時間が失われ、それは再審無罪のゴールにたどり着いたとしても、取り返すことはできないのです。

(4) 「抵抗勢力」への反論

このように、検察官の抗告によって、無実の人の救済までの道のりが長く険しいものとなっている現実を、当の検察官はどのように見ているのでしょうか。検察官の抗告については、国会の審議で何度か質問されたことがありますが、政府委員として答弁に立つ法務省刑事局長(検察官が就任するポストです)は、次のような、ほぼ同じ内容の答弁を繰り返しています。

> 「検察官が再審開始決定に対し抗告をし得ることは、公益の代表者として当然のことであろうかと考えております。これにより、再審請求審における審理決定が適正かつ公正に行われることが担保されるところでございます。検察官の抗告権を排除することにつきましては、違法、不当な再審開始決定があった場合に、法的安定性の見地から、これを是正する余地をなくしてしまうという問題もございます。また、司法制度全体のあり方とも関連するところでございますので、慎重に検討すべきものと考えております」

しかし、この答弁、特に下線を引いた部分は、本当にそのとおりでしょうか。再審は「やり直しの裁判をするかどうか」を決める再審請求と、「実際にやり直しの裁判を行う」再審公判の二段階の手続です。検察官は二段目の再審公判で、被告人は有罪であると主張することができます。ことの当否はともかく、現行法上は、仮に再審無罪判決が出されても、検察官はそれに対して控訴、上告もすることができます。だとすれば、「やり直しの裁判をするかどうか」だけを決める前裁きの場である再審開始決定の段階で抗告しなくても、「違法、不当な再審開始決定を是正する余地」はいくらでもあるわけなのです。

裁判所が、有罪判決を見直すべき、と考えて再審開始決定を出した以上、すぐにやり直しの裁判＝再審公判に進むべきです。仮に検察官が、再審開始決定は間違っており、元被告人は有罪だと考えるのであれば、再審公判の場で、公開の法廷で堂々と有罪を主張し、裁判所の判断を仰ぐ方が、日本国憲法の要請である「公平で迅速な裁判」を実現することになるのではないでしょうか。

4 その他、現実に起こった「不具合」の数々

(1) 「前審関与」問題

再審制度に関する条文の不備がもたらす問題は、ほかにもいろいろあります。

日野町事件では、第二次再審の即時抗告審を審理していた大阪高裁の刑事第二部に、第一次再審請求審の大津地裁で再審請求を棄却したときの裁判長であった長井秀典判事が部総括裁判官として異動してきました。長井裁判長は、異動当初、自らが日野町事件の即時抗告審の裁判長を務めると表明し、これに弁護団や支援者が猛反発したことで、事件を担当する部が急遽刑事第二部から第三部に変更されるという事態になりました。日野町事件では、過去にも２度、確定控訴審や以前の再審の審理に関わった裁判官が後の再審請求を審理する部に異動となり、担当部や裁判長を変更する、ということがありました。

同様の事例は、他の事件にもあります。飯塚事件では、確定一審に関

与した裁判官が、第一次再審の即時抗告審で審理に加わっていたことが後に判明しましたし、大崎事件でも、第二次再審の特別抗告審で再審請求を棄却した最高裁第一小法廷の池上政幸裁判官が、第三次再審の特別抗告審の審理にも加わっていました。

通常の裁判では、たとえば前審として一審の裁判の判決や取調べに関与した裁判官は、「除斥」といって、後審となる控訴審や上告審の裁判には関与できないことが法律で定められています（刑訴法20条７号）。しかし、確定審の裁判に関与した裁判官が、再審請求の審理に関与することや、累次の再審で、たとえば第一次再審に関与した裁判官が第二次再審に関与することなどが認められるかについては明文の定めがなく、前者についてはこれを認める古い判例もあります。

しかし、確定審や過去の再審、とりわけ有罪判決や再審請求を棄却する決定に関与した裁判官が、後の再審の手続に関わることは、裁判の公正という観点からはなはだ疑問です。

通常審と同様、以前その事件の審理に関与した裁判官は、後の再審請求での審理に関与することを一律に禁止する法改正が必要です。

⑵　誤判原因を検証する制度の不在

Part1でみたとおり、誤判冤罪の原因は複合的であり、それぞれの事件で、捜査機関の取調べや捜査のあり方、弁護活動、そして裁判所の判断といったさまざまな場面での誤りが重なって、無実の人に刑罰を課すという究極の人権侵害をもたらしています。それなのに、日本では再審無罪が確定した後に、これらの誤判原因を究明する制度や組織がありません。このことについて、日弁連では2011年１月に「えん罪原因調査究明委員会の設置を求める意見書」を公表し、誤判冤罪原因を究明するために、法的な強制力を伴う調査権限を有する公正中立な第三者機関を設置することを求めています。しかし、裁判所は「司法権の中立」を理由に、このような機関を設けることに反対しています。また、検察庁では前述の「再審無罪事件検討結果報告」のほか、志布志事件、氷見事件、足利事件、郵便不正事件などの無罪判決後に内部検証を行なって結果を報告しています。しかし、内部検証は調査対象と調査機関が同一であることから、おのずと限界があり、冤罪の原因をヒューマンエラー(個人の資質の問題)に帰着させ、システムエラー(制度上の欠陥)として捉えない傾向がうかがえます。かくして、日弁連の意見書の公表から10年以上が経過しているのに、第三者機関の設置は実現のめどすら立っていません。

冤罪原因の検証、究明を行う専門の機関がないことから、冤罪被害者が事件の真相を明らかにしたいと思っても、現状ではそれがなかなか叶いません。

事件によっては、再審公判で誤判原因の検証を行うべく、改めて捜査機関に未開示証拠の提出を求めたり、捜査官や鑑定人への尋問を求めたりしたケースもありますが、検察官が有罪主張を行わないケースでは、再審公判は、単に元被告人に無罪判決を言い渡すことをもって足りるとの考えから、証拠開示や証人尋問を行わずに、1回で結審して無罪判決が言い渡される事件もあります。また、元被告人が高齢の場合のように、本人の存命中に一刻も早く再審無罪のゴールに到達させることを最優先とすべきケースもあるでしょう。

また、再審無罪確定後に、国家賠償請求訴訟を提起し、民事裁判で真実を明らかにさせたいと望む冤罪被害者もいます。刑事裁判でようやく無罪を勝ち取ったのだから、もう裁判はしたくない、穏やかな生活に戻りたいと思う一方で、なぜ自分が無実の罪を着せられたのか、本当のことを知りたいとの思いや、その成果をほかの冤罪被害者の救済に役立てたいとの気持ちから、自らを奮い立たせて国家賠償請求の闘いに臨む人も少なくありません。それなのに、世間から「刑事補償金をもらったうえに、さらに国にお金をせびるのか」などと心ない中傷を浴びせられ、心が折れそうになることもあるといいます。

さらに、再審無罪後の国家賠償請求訴訟には、法律によって大きな障壁が立ちはだかります。検察官が開示し、弁護人が謄写した証拠について、刑事手続の準備以外の目的で利用することを禁じた刑訴法の条文の存在です（刑訴法284条の４。2014年の改正で新設されました）。この条文ゆえに、再審公判の過程で弁護側が開示を受け保有している記録を、民事裁判である国家賠償請求の証拠として提出することができないのです。元被告人の側で提出できないのであれば、もともとの証拠を保管していた検察官（国家賠償の被告である「国」）が提出すればよいのですが、たとえば湖東事件の再審無罪後の国家賠償請求では、被告である国がいろいろな理由をつけて提出を渋ったことから、どの証拠を出すかをめぐる攻防だけで提訴から２年以上も審理が停滞してしまいました。

そもそも、誤判原因の究明が冤罪被害者本人の自己犠牲ともいうべき負担によってしか進まないこと自体に根本的な問題があるのです。誤判冤罪の原因を徹底的に検証し、その結果を法制度の改革に繋げなければ、過ちは連綿と繰り返され、個人の尊厳を根こそぎ奪われる「人生被害」に苦しめられる冤罪被害者は後を絶たないでしょう。

冒頭で述べた袴田事件では、確定した再審開始決定で、捜査機関による証拠ねつ造の可能性が指摘されました。捜査機関が証拠をねつ造し、無実の袴田巖さんを犯人に仕立て上げ、それを見破れなかった裁判所の死刑判決によって、あわや国家による殺人という事態になっていたかもしれないのです。この現実を直視し、誤判原因究明のためにありとあらゆる角度から徹底検証を行わずして、刑事司法改革などありえません。

否、これを国が主導でやらなければ、日本はもはや立憲主義国家として世界に顔向けができないレベルだと言っていいでしょう。冤罪原因究明のための常設の第三者機関の設置を目指して、まずは、「袴田事件真相究明委員会」を国会内に設置することから始めるべきではないでしょうか。

参考文献

■一般書

- 菅野良司『冤罪の戦後史――刑事裁判の現風景を歩く』(岩波書店、2015年)
- 木谷明責任編集『シリーズ刑事司法を考える第５巻　裁判所は何を判断するか』(岩波書店、2017年)
- 藤原聡＝宮野健男『死刑捏造――松山事件・尊厳かけた戦いの末に』(筑摩書房、2017年)
- 青木恵子＝里見繁『ママは犯人じゃない――冤罪・東住吉事件』(インパクト出版会、2017年)
- 日本弁護士連合会再審における証拠開示に関する特別部会編『隠された証拠が冤罪を晴らす――再審における証拠開示の法制化に向けて』(現代人文社、2018年)
- いのまちこ＝たたらなおき『デコちゃんが行く――袴田ひで子物語』(静岡新聞社、2020年)
- 鴨志田祐美『大崎事件と私――アヤ子と祐美の40年』(LABO、2021年)

■専門書

- 鴨良弼編『刑事再審の研究』(成文堂、1980年)
- 光藤景皎『口述刑事訴訟法　下』(成文堂、2005年) 93～111頁
- 後藤昭＝白取祐司編『新・コンメンタール刑事訴訟法〔第３版〕』(日本評論社、2018年) 1166～1194頁〔水谷規男執筆〕
- 田崎文夫「判解」最高裁判所判例解説刑事篇昭和50年度 (1979年) 82～100頁
- 川崎英明『刑事再審と証拠構造論の展開』(日本評論社、2003年)
- 佐藤博史「再審請求における証拠の明白性判断――限定的再評価と全面的再評価」『河上和雄先生古稀祝賀論文集』(青林書院、2003年) 425～450頁
- 佐藤博史『刑事弁護の技術と倫理』(有斐閣、2007年) 326～383頁
- 河上和雄ほか編『大コンメンタール刑事訴訟法第10巻〔第２版〕』(青林書院、

2013年）3～189頁〔光藤景皎、川崎英明、高田昭正執筆〕

●九州再審弁護団連絡会出版委員会編『緊急提言！　刑事再審法改正と国会の責任』（日本評論社、2017年）

●伊丹俊彦＝合田悦三編集代表『逐条実務刑事訴訟法』（立花書房、2018年）1203～1124頁〔渡邉史朗執筆〕

●井上正仁監修『裁判例コンメンタール刑事訴訟法　第４巻』（立花書房、2018年）449～488頁〔池田修執筆〕

●鴨志田祐美「再審開始決定に対する検察官抗告の不正義――特別抗告３事件にみる検察官の『再審妨害』」季刊刑事弁護99号（2019年）53頁

●「特集　再審の理論と実務」刑事法ジャーナル66号（2020年）46～87頁

●「小特集　刑事再審手続の最前線――『再審格差』の解消に向けて」法律時報92巻１号（2020年）65～92頁

●石田倫識＝伊藤睦＝斎藤司＝関口和徳＝渕野貴生編『大出良知・高田昭正・川崎英明・白取祐司先生古稀祝賀論文集――刑事法学と刑事弁護の協働と展望』（現代人文社、2020年）

●「特集　冤罪救済の現状と課題」刑法雑誌59巻１号（2020年）59～129頁

●日本弁護士連合会人権擁護委員会編『21世紀の再審――えん罪被害者の速やかな救済のために』（日本評論社、2021年）

●門野博『刑事裁判は生きている――刑事事実認定の現在地』（日本評論社、2021年）251～271頁

●「特集１　再審と立法的課題」犯罪と刑罰31号（2022年）33～102頁

●松尾浩也監修『条解刑事訴訟法〔第５版〕』（弘文堂、2022年）1239～1259頁

●松宮孝明『刑事再審制度の意味とその改革』（成文堂、2022年）

■統計資料

●最高裁判所事務総局刑事局「令和３年における刑事事件の概況（上）」法曹時報75巻２号（2023年）181～197頁

Column

大正刑事訴訟法と「再審」

春日 勉（かすが・つとむ）［神戸学院大学教授］

ここでは、1921（大正11）年に公布された「刑事訴訟法」（旧法）の「再審」について紹介します。はじめに、旧法の「再審」の特徴から整理します。

第一に、旧法の「再審」には、二つの「再審」が規定されています。まず、確定判決によって有罪の言渡しを受けた者の利益のためにする再審、すなわち、「利益再審」です。他方で、有罪の言渡しをすべき事件について、無罪または免訴を言い渡した確定判決等についても再審が認められています。これを「不利益再審」といいます。「不利益再審」は、旧法で初めて規定されました。明治刑事訴訟法（旧々法）では、「利益再審」のみを規定しています。

第二は、旧法では、「原確定判決の手続的な瑕疵」を理由とする再審（いわゆる「ファルサ再審」）を認めるとともに、新事実を示す新証拠の発見を理由とする再審（いわゆる「ノヴァ再審」）も認めています。前者については、原判決の証拠となった証拠書類または証拠物の偽造または変造の証明、原判決の証拠となった証言、鑑定、通訳または翻訳の虚偽の証明等がそれにあたります。後者については、有罪の言渡しを受けた者に対して無罪または免訴を言渡し、刑の言渡しを受けた者に対して刑の免除を言渡しまたは原判決で認めた罪より軽い罪を認めるべき「明確な証拠を新たに発見したとき」をあげて旧々法には規定のなかった「ノヴァ再審」を認めました。

以上のような旧法の特徴は、旧々法も、旧法も当時のドイツの刑事訴訟法を模範としたことからその影響を受けたことは想像にかたくありません。しかし、旧法が「不利益再審」を採用した意図や、なぜ「利益再審」に「ノヴァ再審」を導入したかは、旧法の全体構造、すなわち、時の権力がどのような方向で刑罰権を行使しようとしていたか当時の社会状況もあわせて分析する必要があるでしょう。そこで若干ですが、旧法制定前後の刑事司法をめぐる問題について触れておきましょう。

明治後半から大正にかけて帝国議会では、贈収賄事件等に係った高官、政治家、資本家に対する人権蹂躙問題がクローズアップされていました。予審判事や警察、検察は、犯罪の嫌疑をかけられた者から証拠たる「自白」を得るために、拷問をはじめとする不当な取調べを行い、人権をはなはだしく侵害していました。また、1920（大正10）年に発生した「神戸労働争議事件」を契機として、人権蹂躙の対象が労働者階級まで及んだことが、この問題を国家的な議論に発展させた原因といわれています。一部の刑事裁判は、労働者の権利主張とそれを抑え込もうとする資本家、国家との階級闘争の場と化しました。そのために、弁護士などの在野法曹は、適正な捜査の在り方、犯罪の嫌疑をかけられた者に対する刑事手続上の権利の拡充を強く求めました。他方で、社会の安定、治安を重視する者の間では、人権蹂躙の原因は、捜査上、検事に強制力を含む必要な権限を与えていないからだという有力な主張がみられました。以上のような議論の相克のもとで制定されたのが旧法です。検事には、いわゆる「裁判上の捜査処分」といわれる事実上の強制処分権が付与され、公訴の有無を検事が判断する起訴便宜主義も採用されました。再審については、検事を請求権者とする「不利益再審」が導入されました。他方で、旧法では、弁護権をはじめとする被告人の権利も若干拡充されました。「利益再審」における「ノヴァ再審」の導入もこの範疇に入るでしょう。

最後に、当時の再審の状況を確認しておきましょう。手元に1935（昭和10）年から1939（昭和14）年までの再審に関する統計があります。この期間の再審請求の新受件数は158件、再審請求の新受件数に対する再審開始決定数は19件です。さらに、再審開始決定がなされた事件のうち再審判決において無罪・免訴・刑の免除および公訴棄却の言渡しがなされた件数は19件中15件であり、不利益再審で有罪判決がなされた例も１件あります。

Column

再審制度に関心を寄せる高校生

山室浩二（やまむろ・こうじ）［京都府立嵯峨野高等学校教諭］

勤務校では２年生８学級中６学級、約240名の生徒が、13分野のラボ(いわゆる研究室)のいずれかに所属し、課題探究を行っています。私の担当する法学ラボには16名が所属し、うち４名が再審制度について探究しています。例年、法学ラボの生徒は、課題探究に先立ち、日弁連主催「高校生模擬裁判選手権」に出場します。2023（令和４）年５月、京都弁護士会法教育委員会の支援弁護士から刑事裁判の仕組みや弁論作成について事前指導を受け、「証拠主義」や「無罪推定の原則」の大切さを学んだ上で、近畿予選会に出場しました。予選会では、架空の刑事裁判における弁護人として、弁論を行い他校と対戦しました。残念ながら予選敗退となりましたが、証拠という事実を多角的・論理的に考察する貴重な経験をしました。

６月末、冤罪についての課題探究が始まりました。先の支援弁護士から複数の参考文献を紹介してもらいました。とりわけ生徒の関心を引いたのは、鴨志田祐美『大崎事件と私――アヤ子と祐美の40年』(LABO、2021年)でした。まず一人の生徒がこの大著を読破し、続き他の生徒も本書や鴨志田弁護士の諸論文をテキストとして先行研究を行い、９月、冤罪の諸課題のうち、再審制度が十分に機能していない要因に研究テーマが絞られました。11月、生徒の熱望した鴨志田弁護士へのインタビューが実現しました。当日生徒は、縦軸に改正の優先度を、横軸に改正の難易度を記したボードを用意し、紙に書き出した再審制度の諸課題を鴨志田弁護士に配置してもらいました。諸課題としては「(再審開始決定後の)検察官の抗告禁止」「全面的な証拠開示」など６つを挙げました。その際、生徒が「(証拠のねつ造・改ざんに関与した)捜査関係者・裁判関係者の責任追及」に「冤罪原因調査委員会の設置」よりも高い優先度を与えたのに対して、鴨志田弁護士は逆の優先度を与えました。生徒は、人為的な要因により発生した冤罪の諸事例を学び、個人の責任追及こそが冤罪の発生を抑制すると考えました。対して、鴨志田弁護士は、冤罪が繰り返される最大の要因は、冤罪の原因を検証して法制度の改革につなげて来なかったことにあり、個人の責任を追及しても、制度そのものが変わらなければ、同じ過ちは繰り返されると話されました(このインタビューについては、11月17日付京都新聞〔京都版〕の記事となっています)。12月、京都弁護士会主催第52回憲法と人権を考える集い「＃えんざい」に参加しました。生徒は、湖東記念病院事件の冤罪被害者西山美香さんから語られた警察の取調べの実態を知り、信じていたものが崩れ去るような衝撃を受けました。

２月、研究班の生徒は本校開催の課題研究発表会において、「再審法改正へのカギ～開かずの扉を開けるために～」と題した発表を行います。この発表で生徒は、先行研究によってカギ(具体的方策)が判明しているにも関わらず、扉が開かない理由は、必要なときにいつでもその扉を開けられるようにしておかなければならないという認識を、国民(カギを法規範として実際に作ることができるその代表者を含む)の多数が共有していないことにあると結論付けました。そして、法改正につなげるために、どうすれば国民に冤罪事件や再審制度に関心をもってもらえるかを考えたいと今後の展望を述べています。

2024（令和５)年から18歳および19歳の若者も裁判員の職務に就くことができるようになります。「再審制度に関心を寄せる高校生」が、将来裁判員の職務に就いた際には、証拠主義や無罪推定の原則に基づき、冤罪に細心の注意を払いながら立派に評議するはずです。また、18歳を迎え将来選挙権を行使する際には、よりよい法規範・法制度の実現を望み、再審法・制度についても自らの意思を実現してくれそうな立候補者に投票するはずです。「再審制度に関心を寄せる高校生」は、まさに将来の日本の刑事司法をよりよい方向に変革する担い手の萌芽とも言える存在ではないでしょうか。

Part 3

台湾と韓国に学ぼう

日本の隣国である台湾と韓国は、どちらも日本の刑事訴訟法を「お手本」にして刑事司法制度を作りました。再審のルールもよく似ています。しかし、その台湾と韓国ではここ数年、間違った裁判や冤罪事件をきっかけとして、再審制度に関する法改正や運用の改善が進められています。今度は私たちが、台湾と韓国から学ぶ番です。

台湾の再審制度

1　陳龍綺事件

2009年、陳龍綺さんは、酒に酔って意識不明の女性に対して性的暴行を行ったとして強制性交罪の疑いをかけられました。陳さんは当初、証人として捜査に協力していましたが、DNA型鑑定の結果により共犯の１人とされ、他２名とともに起訴されました。そして、2013年に準強制性交罪で懲役４年の有罪判決が確定しました。

ここで問題となったのは、有罪判断の証拠であるDNA型鑑定の結果において、陳さんが犯行に加わった可能性を「排除できない」としていたことです。有罪判決の確定後、冤罪を訴える陳さんのために、台湾イノセンス・プロジェクト（Taiwan Innocence Project、以下「台湾IP」）が弁護団を結成しました。弁護団に協力をした台湾大学医学院法医学研究室の李俊億教授は、鑑定報告において、「陳龍綺と他２名のDNA検体が含まれないとは断定できない」としながら、「３人の検体が必ず含まれるとも限らない」と指摘しました。つまり、実際には２人分のDNAしか入っていない可能性があり、裁判所が３人を有罪と判断したことには合理的な疑いが生じている、としました。

2013年、陳さんの弁護団が台湾高等裁判所台中支部に再審を請求しました。再審請求審において、裁判所は刑事警察局鑑識官に出頭を要請し、鑑定報告における「排除できない」という箇所について説明を求めました。鑑識官の話によると、鑑定報告で「排除できない」としたのは、当時のDNA型鑑定は16座位であり、その中で、陳さんの鑑定結果に共犯者２人と同じDNA型が現れました。実際に犯人ではないかもしれないが、陳さんのDNA型も混在している可能性があるため、完全に「排除できない」ということでした。また、現在の鑑定技術では23座位を検査できるため、より詳しい検査をした場合、陳さんが犯行に加わった可能性が排除される見込みがあり、試料が足りる状態であれば再鑑定できる、と証言しました。その証言を受けて、裁判官はその場で再鑑定を命じました。

2013年12月、再鑑定を行なった結果、陳さんの検体は犯人の精液とされるDNA型とは一致せず、裁判所は再審開始を決定し、刑の執行停止も命じました。2014年３月26日、陳さんは再審公判で無罪判決を獲得し、雪冤を果たしました。その後、陳さんは冤罪救済の支援者となり、まだ雪冤されていない冤罪被害者のために活動を始めました。自分の事件をきっかけに、確定判決後DNA鑑定に関する法律（以下、「確定判決後DNA鑑定法」）の立法活動にも尽力し、この法律は、2016年11月に成立しました。

本稿では、台湾の再審制度の概要と、この事件を契機として動き出した制度改革の経緯を時系列に沿って説明していきます。

2　2015年台湾刑訴法「再審編」の改正――再審請求理由

(1)　2015年までの台湾刑訴法「再審編」の概要

台湾刑訴法「再審編」は、当初、1928年制定の台湾刑訴法に定められていました。再審の制度設計は、日本の大正刑訴法と似ており、日本が範としたドイツ法を踏襲したため、利益再審も不利益再審も設けられています。日本では第二次世界大戦後、日本国憲法のもとで不利益再審は廃止されましたが、台湾では現在も不利益再審制度が残っています。台湾でも不利益再審を廃止すべきという指摘もあり、議論が必要なところですが、本稿では紙幅の関係で割愛します。

1928年に定められた台湾刑訴法「再審編」は、2015年に改正されるまで、大きな改正が行われたことはありませんでした。以下、2015年改正までの台湾刑訴法「再審編」に規定されていた内容について、①再審請求権者、②再審裁判所、③再審請求が可能な期間、④再審理由と再審手続という順に紹介していきます。

まず、①再審請求権者は、検察官、判決を受けた本人およびその親族等です（台湾刑訴法428条）。②再審請求は原審裁判所が管轄します（台湾刑訴法426条1項）。③再審請求が可能な期間には特段の制限がないとされ、確定判決後、いつでもできると考えられています（台湾刑訴法423条の反対解釈）。

④再審請求理由は、「固有の請求理由」（台湾刑訴法420条1項）と「特別な請求理由」（台湾刑訴法421条）とに分かれています。後者の「特別な請求理由」について、台湾刑訴法421条は、「第三審裁判所に上告できない事件については、前条の規定を除き、第二審により確定の有罪判決を受け、その判決に影響を及ぼすほど重要な証拠が判断の対象から遺漏した場合、判決を受けた者の利益のために、再審請求をすることができる」と定めています。同法421条が対象とする事件は、通常の事件とは異なり、第三審である上告審による審査が認められていないため、代替手段として再審救済の道を拡大することが目的です。一方、同法420条1項の「固有の再審理由」として、6つの類型が規定されています。1号から5号までは、いわゆるファルサ型の再審請求理由で、旧証拠が偽造されたなどの場合です。6号はノヴァ型、いわゆる新証拠の発見というもので、実際の再審請求において最も多く用いられている再審理由です。

続いて、再審手続は、再審請求審と再審公判とに分かれています。再審請求審において、請求に理由があると判断された場合、再審開始決定が下されます。そしてその後、再審公判が開かれます。なお、裁判所の審査は、当事者が提出した請求理由に拘束されません。裁判所は、請求人と異なる再審請求理由でも再審開始決定を下すことができます。

⑵ 問題となった条文とは?

ここまで台湾の再審制度を簡潔に紹介しましたが、最もよく使われる再審請求理由である台湾刑訴法420条１項６号に対する裁判所の解釈が再審請求のハードルを高くし過ぎていることが問題となりました。当該条文は、「有罪判決を受けた者に対して無罪、免訴、刑の免除若しくは原判決において認めた罪より軽い罪を認めるべき確実な新証拠を発見したとき」というもので、問題になったのは「確実な新証拠」という文言です。以下、この問題について説明します。

⑶ 問題点と議論の所在

問題点は、新証拠の「新」、そして「確実な」という文言、つまり、「新規性」と「確実性」の意義についてです。

〈新規性について〉

「新」という文言、つまり「新規性」について、条文だけを見れば、単に「新証拠」としか規定していません。しかし、実務上、新規性が認められるかどうかについて、主体的基準と時間的基準という２つの観点からの議論がありました。

主体的基準とは、誰にとっての新証拠か、という基準です。原判決を下した裁判所か、有罪判決を受けた者か、あるいはそれらの両方か、という３つの立場がありえます。実務上は、統一的な基準はないため、それぞれの見解が採用されたケースがあり、それほど問題視はされていませんでした。

一方、時間的基準については、解釈による深刻な影響があります。時間的基準とは、新証拠または新事実が発見された時点と確定判決の時点とを比べてどちらが新しいか、というものです。当時、台湾の実務では、新証拠は、「確定判決がされたときにすでに存在していたものでなければならない」と解釈されていました。この見解に立つと、科学的進歩により新しく世に出てきた手法、たとえばDNA型鑑定やその他の科学技術に基づく証拠が新証拠として出されたときに、大きな障壁になります。なぜなら、科学の進歩により新しくできた技術または鑑定方法は、そのほとんどが確定判決時には、いまだ存在していなかったものだからです。そのため、新証拠が確定判決の前に存在しなければならないとの解釈に従うと、新しい科学的技術はほとんど使えなくなってしまいます。

〈確実性について〉

「確実な」という文言、つまり、「確実性」(日本では「明白性」と呼ばれているものです)について、台湾の実務では、長い間「単独評価説」を採用してきました。単独評価説とは、新証拠のみによって無罪、または、原確定判決より被告人に有利な判決を下すことができる場合に確実性が認められるとする見解です。そして、単独評価説の中にも、①証拠調べ手続を経なくても一見するだけで原判決を揺るがすことができる程度の確実さを必要とする見解(最高裁判所1951年抗字２号判例)と、②証拠調べ手続により判明する程度の確実さで足りるという見解(最高裁判所1943年抗字113号判例)があります。①の見解をとった場合、再審開始決定が下される可能性が低く、事実上再審の道が閉ざされると言われています。しかし、2015年の台湾刑訴法改正前に、現にそのような見解に従って判断された決定が存在しています。

一方、「単独評価説」ではなく、「総合評価説」を採用した決定もあります。総合評価説とは、新証拠だけでなく、すでに一件記録の中に存在していた各証拠と合わせて評価するという見解です。

2000年の最高裁判例(最高裁判所2000年台抗字463号)は、初めて総合評価説の見解を採用しました。同決定は、「再審請求で提出された新証拠によって、明らかに原確定判決の事実認定を揺るがすことができ、より有利な判決に改めることができる場合はもとより、当該新証拠が原確定判決において斟酌された証拠と総合評価し、同様のレベルまで達すると認められれば、確実性要件を満たしていると判断すべきである」と判示しました。それ以降、総合評価説を採用した決定もありますが、多くの事例では、上記の新規性の判断において新規性が否定されたため、確実性の判断に入る前に、再審請求が棄却されていました。

(4) 2015年に改正された台湾刑訴法420条

「新規性」と「確実性」の問題の解決案として、2015年の改正までの間、立法院(日本の国会に相当)に何度も改正案が提出されていましたが、改正に至ることはありませんでした。なぜなら、改正案のなかに、他の項目についての改正条文案も含まれていたため、全体として支持を得ることができなかったからです。

これに対して、2015年に、台湾刑訴法420条のみの改正案が国会に提出されました。このときは大きな反対はなく、順調に国会を通過して改正法が成立しました。改正された箇所は以下の通りです。

〈「新証拠」と「新事実」の並列〉

2015年の改正において、行政手続法の規定を参照し、新証拠のほか、「新事実」という文言も入りました。たとえば、真犯人の出現のように、証拠能力のある「証拠」と評価できなくても、新たな「事実」と評価できれば、これにより再審を認めることが可能となります。この改正について審議された当時、台湾刑訴法改正の担当機関である司法院(日本の最高裁判所に相当)も、救済の範囲が広がることにより、判決を受けた者の救済機会が増えるため、人権の保障と正義の追求という観点から、原則的にはこの草案を支持すると表明しました。

〈新規性の許容範囲の拡大〉

新規性の問題について、台湾刑訴法420条に３項を追加し、「新」の時点をはっきりと定めました。その新証拠または新事実は、判決確定前に存在し、または成立していたが裁判所の判断の対象とされていなかったもの、もしくは、判決が確定してから存在しまたは成立していたものであれば足りるということになり、新たな科学的・技術的な鑑定方法を新証拠として用いることができるようになりました。

〈確実性の基準に対する修正〉

確実性の判断方法について、法改正により、単独判断と総合判断の、いずれの手法による判断も許容される旨明文化されました。このとき、そもそも、「確実な新証拠」から「確実」という文言を削除すべきなのかについても議論がありました。立法委員(台湾の国会議員)は、再審が認められるケースを増やす方がよいため、「確実」という文言を削除した方がいいと主張しました。しかし、司法院も法務部(日本の法務省に相当)も、「確実」という文言を削除したら、再審請求が一気に増えるのではないか、再審が事実上の第四審になり業務の負担が重くなるのではないか、という点を懸念しました。

そこで、外国の立法例を参考にしたところ、日本では「確実」という意味に近い「明らかな」という文言が条文に明記されていました。また、ドイツでは「確実」という文言は条文に明記されていませんが、学説も実務もそれに近い解釈によっていると報告されました。しかし、国家の司法資源を浪費すべきではないという指摘に対して、立法委員は、新事実または新証拠が出されたら、裁判所は単独判断または総合判断をもって判断すればよいし、最終的な決定権は裁判所にあると反論しました。

結局、立法委員の主張を多数が支持して、「新証拠または新事実」が「単独判断または総合判断」という方法で判断されるという文言に改正され、また、条文上「確実」という文言は削除されました。以上の改正点をもって、2015年２月４日、総統令により台湾刑訴法420条の改正が公布されました。同条の改正理由には、以下のように書かれました。

> 再審制度の目的は、真実を発見しつつ、公平と正義の具体的実現を追求することにある。真実を発見し、冤罪を避けるため、確定判決後の再審理由が規定されている。審理をやり直すことは、被告人の権利に重大な影響を及ぼすものである。そのため、現行法が規定する新証拠以外の場合であっても、確実な新事実が存在し、単独判断または総合判断のいずれかにより、原確定判決を揺るがす合理性があると認められ、または有罪判決を受けた者が無罪、免訴、刑の免除または原判決で認定された罪名より軽いものを認めるべきと判断した場合には、再審開始を決定すべきである。

再審制度の目的を再確認し、この制度が有罪判決を受けた者にとって重要であることが明言されました。

本稿の冒頭で紹介した陳龍綺事件は、時期から見れば、この法改正の前に雪冤された事件です。陳さんの弁護団が再審請求したときに提出した新証拠は、法医学教授の鑑定書であり、厳格な単独判断をされていたら再審請求が棄却されていてもおかしくはありませんでした。幸い、裁判所は職権で刑事警察局の鑑識官を出廷させて証言を得たこと、鑑定できる試料が存在したこと、さらに裁判所が再鑑定を命じたことで、陳さんは雪冤を果たすことができました。

この改正により、裁判所は依拠できる条文を得ることとなり、再審という冤罪被害者の救済制度をより実効化できると考えられています。

3 確定判決後DNA鑑定法の成立

(1) 法律成立まで

台湾において、2016年に確定判決後DNA鑑定法が成立するまで、再審段階におけるDNA型鑑定に関する規定は存在しませんでした。したがって、鑑定試料や検体にアクセスする方法も、鑑定を求める手段等も明文化されていませんでした。このため、実務上、再審請求人は検察官または裁判所の職権発動を促すことしかできませんでした。陳龍綺事件の再審請求段階では、幸いにして、鑑定試料もまだ保管されていたことから、裁判所が職権発動することでDNA型再鑑定ができました。その結果、再審開始決定が認められて、陳さんは雪冤されました。

確定判決後DNA鑑定法の成立には、陳龍綺事件が大きな関わりをもちました。陳さんは雪冤した後、冤罪救済の活動家となり、台湾IPとともに冤罪救済に邁進していきます。特に、自分の事件の経験をもって、法改正の必要性を熱心に呼びかけました。DNA型鑑定に関する法律の規定がなかったため、何としても明文規定の制定を実現させたかったのです。台湾IPと弁護士組織の民間団体である司法改革基金会とが協力して、確定判決後DNA鑑定法の草案を作成し、立法委員法改革基金会と共同で検討を重ね、最終的に立法委員の顧立雄、尤美女に提案しました。

提案過程において、台湾IPと民間司法改革基金会、顧立雄、尤美女は共同記者会見を開き、DNA型鑑定を請求できる制度を整備することで、再審開始の扉を開き、さらには事件の真相を解明し、真犯人を見つけて、冤罪をなくすことができるように、刑事判決確定後DNA鑑定法の立法化を推進すると表明しました。その後、24人の立法委員の連名で、この草案を立法院に提出しました。そして、立法院での議論について、2016年4月22日第一読会から2016年11月1日の第三読会にかけて議論が行われ、法案成立に至りました（台湾の立法院は読会制をとっており、3回の読会を経て立法されます）。

司法院は、当該法律の成立について、基本的に賛成の立場をとっていましたが、台湾刑訴法は職権主義から当事者主義に移行したため、もし最新のDNA型鑑定により真犯人を発見できる場合、当事者の一方である検察官が職権で調査を行い、鑑定を命ずるべきではないかと考えていました。また、DNA型鑑定は証拠収集の範疇であるため、「公平な裁判所」という原則から、裁判所がDNA型鑑定を命ずる権限を有するべきではないとの指摘もありました。

たしかに、司法院が主張する通り、台湾刑訴法は当事者主義に移行したため、当事者の一方である検察官が鑑定を命ずるべきであるとも考えられます。加えて、台湾の検察官は、客観義務を有するため、真相を発見し、真犯人を見つけるという責務から考えても、再審請求をするための新証拠となりうるものを鑑定に付する権限を持たせるのが自然です。しかし、被告人を起訴する立場の検察官には、冤罪を認めない傾向があるということも無視できません。そのため、再審は国民が裁判所に請求する手続である一方、新証拠であるDNA型鑑定結果を自ら入手できない場合、DNA型鑑定請求を再審請求手続の中の一部として考えれば、鑑定を命ずる権限を裁判所に持たせることも妥当といえます。

その後、司法院は、第一義的には担当機関を検察官とし、検察官が拒否した場合、裁判所に請求するという提案を行いましたが、立法委員は、それは時間と労力の無駄だと退けました。その後、条文の文言などを整えるための議論を終え、法律が成立しました。

⑵ 確定判決後DNA鑑定法の概要

確定判決後DNA鑑定法は、計10カ条から構成されており、法の目的、請求権者、請求要件および方法等が定められました。法の目的は、「刑事裁判の正確性を維持し、無辜の人が冤罪に陥ることを避け、人権を保障し、正義を守るために、本法律を制定する」と定められました（同法1条1項）。以下、同法律の概要について、請求権者、請求要件および請求手続を簡潔に紹介していきます。

〈請求権者〉

同法4条は、請求権者を定めています。請求権者は、①判決を受けた者、②判決を受けた者の法定代理人および配偶者、③判決を受けた者が死亡した場合、配偶者、直系血族、三親等内の傍系血族、二親等内の姻族などです。請求権者は、原判決をした裁判所に請求します。

〈請求要件〉

同法2条は、証拠物または試料を使用して、DNA型鑑定した結果について、台湾刑訴法420条1項6号の新事実または新証拠になることについて合理的に信用でき、①鑑定請求しようとする証拠物や試料を政府機関が保管しているとき、②鑑定請求しようとする証拠物や試料について、まだDNA型鑑定を行ったことがない、もしくはすでにDNA型鑑定を行なったが新しい鑑定方法があるとき、③請求しようとする鑑定方法に科学的合理性があるものであるとき、といった三つの要件のすべてに該当すれば、DNA型鑑定を行うよう請求することができます。

〈裁判所の調査と判断〉

裁判所は、請求理由があると判断した場合、決定で鑑定を許可しますが、請求が法定の方式に則っておらず、もしくは請求理由がないと判断した場合には、請求を却下します。裁判所は鑑定の実施を判断するにあたって、同法6条により、必要な場合、請求理由について調査することができ、請求人または弁護人に出頭を要請することもできます。

〈確定判決後DNA鑑定法の課題〉

確定判決後DNA鑑定法は、大きな反対もなく迅速に立法が実現しました。DNA型鑑定が可能な事件であれば、再審請求人が鑑定を請求する法的根拠ができたわけですから、画期的な立法といってよいでしょう。

しかし、鑑定を希望しても、証拠が適切に保管されていなければ、法的根拠に基づき裁判所が鑑定を命ずることができても、事実上鑑定ができない状況に陥ってしまいます。台湾高等裁判所高雄支部105年度(2016年)侵声再字第5号決定(2017年1月26日)はまさにこの実例でした。法務部法医研究所の専門家の意見書から、新しいDNA型鑑定法があることがわかり、再審請求人がそれを再審理由として台湾高等裁判所高雄支部に再審請求をしました。裁判所はその意見書にあるDNA型鑑定の理論を確認した後、事件担当の屏東地方検察署に当該事件の証拠物を提出するよう命じました。ところが、屏東地方検察署は、すでに確定判決から47日目にその証拠物を廃棄していたことが判明しました。また、刑事警察局に鑑定試料の残余を提出するよう命じたところ、多数回の鑑定が行われたため、鑑定試料は使い切ったと回答がありました。確定判決後DNA鑑定法があるものの、証拠物も試料も存在しないため、真相解明の機会がなくなってしまったのです。

確定判決後DNA鑑定法は制定されましたが、証拠物または鑑定試料の保管についての法律の整備という課題は、いまだ残されています。

4 2019年台湾刑訴法「再審編」の大幅な改正

2015年に台湾刑訴法420条が改正され、2016年に確定判決後DNA鑑定法が成立しましたが、刑訴法上、再審手続に関す規定自体が乏しいという状況は依然として続いたままでした。再審請求時の弁護士の法的地位や再審請求人の証拠閲覧については条文上の根拠規定がないため、裁判所の判断にばらつきがあるという問題がありました。これらの問題に対応するため、2019年に台湾刑訴法「再審編」の改正が再度行われました。

(1) 法改正のきっかけ

2019年の台湾刑訴法「再審編」改正のきっかけとなったのは、2016年に総統府の召集のもとで開催された司法改革国是会議でした。会議は「被害者と弱者を守る司法制度」「国民が信頼できる、公正かつ専門性をもつ司法制度」「権限と責任が一致する効率的な司法制度」「透明度が高く、親しく参加できる司法制度」「社会の安全を維持する司法制度」という５つの分科会に分かれ、議論を重ねて、2017年８月までにそれぞれの分野についての結論を出しました。本稿と関連する再審制度は、第１分科会「被害者と弱者を守る司法制度」に分類されました。

第１分科会第６回会議の決議において、確定判決後の事件についても適正手続の保障を受けることができるようにするため、司法院に関連する制度を検討するよう要請しました。具体的には、再審制度を検討し、再審請求人の弁護権、記録閲覧権、意見陳述権および証拠調べ請求権などの権利を付与し、判決の法令違反を再審理由に新設し、それにより国民が違法な確定判決に対して、直接的に救済を求めることができるようにすることを内容としていました。

司法改革国是会議の結論を受けて、司法院は改正案の起草に着手しました。2017年9月から、検討のための会議を開催し、2019年9月に、司法院は行政院(日本の内閣に相当)とともに、刑訴法部分条文改正案を立法院に提出しました。2019年12月に、立法院第三読会を通過し、改正案が成立しました。

⑵ 再審請求権者の弁護士代理人選任権(台湾刑訴法429条の1第1項)

再審請求段階において、再審請求人が弁護士を選任する権利、および選任された弁護士が再審請求段階においてどのような立場で関与するのかを定めた条文が新設されました。これまで、実務上は弁護士が再審請求人本人に代わって再審請求を行うことが認められてきましたが、弁護士に再審請求手続を依頼することに関する条文は存在しませんでした。そのため、再審請求手続で使用される書面の「当事者」という項目に書かれるのは、再審請求人なのか、それとも弁護人なのか、判然としない状況が続いていました。2019年の改正で新設された台湾刑訴法429条の1第1項には、「再審の請求を行うとき、弁護士を代理人として委任することができる」と定められました。なお、その書面については、通常審の方式を準用する旨が同条2項に規定されています。

この法改正は、再審請求段階における弁護士の地位を明確にしたほか、改正理由で、再審請求人が再審請求手続をする際、弁護士が専門的知識をもって協力することの必要性も指摘されました。このように、立法者も弁護士が再審請求手続に関与する必要性を認めたものと考えられます。

⑶　再審段階の記録情報獲得権（台湾刑訴法429条の1第3項）

〈明文規定がなかった時代〉

再審請求をしようとするとき、請求人またはその弁護士が事件について検討するためには、事件の記録、証拠を精査することが不可欠です。そのためには、裁判所から検察庁に戻されて保管されている記録と証拠を入手する必要があります。日本では証拠開示と呼ばれていますが、台湾では証拠閲覧または記録閲覧と呼ばれています。

台湾において、再審請求人による再審請求段階の証拠閲覧に関する明文規定は存在しませんでした。そして、法務省の内部通達は、判決を受けた者による記録および証拠物の閲覧謄写の可否について否定的な立場をとっていました（法務部(77)法検字3657号通達）。他方、通常審における被告人による証拠閲覧に関する条文が2007年に改正されると、実務上もそれまでとは異なる動きが生じました。のちにみる再審請求人による再審請求段階での証拠閲覧は、通常審における条文と関係するので、まず通常審の条文から説明します。

〈通常審における記録閲覧・証拠閲覧〉

通常審においては、被告人本人が証拠を閲覧することができませんでしたが、2007年７月に、台湾刑訴法33条に２項が新設され、公判段階において、弁護人がついていない被告人は、費用を予納し、一部の調書の謄本をもらえるようになりました。この改正は、確定判決後の証拠閲覧実務にも影響を与え、再審請求人による証拠閲覧について、裁判所の判断に少しずつ変化がみられました。再審請求人が裁判所に対し、再審請求のための証拠閲覧を請求するとき、台湾刑訴法33条２項を類推適用することにより、閲覧を認めた裁判所の決定もいくつかありました。具体的な手続は次のとおりです。再審請求人が担当裁判所に証拠閲覧の請求をしたとき、裁判所は審理のために担当検察庁に事件確定記録を提出するよう命じます。そして、閲覧が許可された場合、調書の謄写等の手続は、すべて裁判所において行われます。その後、事件確定記録を検察庁に返還します。

〈再審請求段階における記録閲覧・証拠閲覧〉

弁護士による再審請求段階の証拠閲覧については、法律の規定はないものの、行政規則である「検察機関弁護士閲覧要点」(原文、「檢察機關律師閱卷要點」)が根拠として存在します。同要点第二点の規定により、判決確定後、弁護士は原則として当該事件記録を保管する検察機関に対し、記録の閲覧を請求することができます。例外的に、捜査の密行性などの事由で、閲覧が制限または禁止されることもあります。

「検察機関弁護士閲覧要点」の規定により、弁護士は、検察庁が指定する時間・場所で閲覧することができます。閲覧範囲については、上記例外事由があるものの、実務上、事件の一件記録をすべて閲覧できます(台湾でいう一件記録とは、事件の捜査段階から収集された記録と証拠、公判を経て、確定判決まで積み重ねてきたあらゆるものを指します)。また、閲覧だけではなく、同要点第九点により、謄写、印刷または撮影することもできるようになりました。

Topic

弁護士と再審請求権者の証拠閲覧実務について

弁護士はなぜ一件記録を全部閲覧できるのかという疑問が生じるかもしれません。台湾では、通常審は職権主義をベースに、交互尋問や証拠調べの方式については当事者主義をとるというハイブリッド型の訴訟方式を採用しています。そして、起訴するときは職権主義の方式に従い、検察庁はすべての捜査資料を裁判所に提出します。この方式は、台湾語で「巻証併送」と呼ばれており(「巻」は記録という意味で、一般的に文書のことを指します。「証」は証拠物で、「併」

は合わせるという意味です)、捜査段階で収集された文書と証拠物はすべて裁判所に提出されます。

公判段階において、弁護士は、原則として裁判所に送られた記録と証拠物のすべてを閲覧、抄録または撮影することができます(台湾刑訴法33条1項)。つまり、通常審において、弁護士はすべての記録を閲覧できるので、判決確定後においても、弁護士がすべての記録を閲覧できるのは当然のことだと考えられており、訴訟手続を経て判決が確定した後も、当然のこととして記録にアクセスできると考えられているのです。

再審請求権者の証拠閲覧について、通常審における被告人の証拠閲覧に関する条文が改正されたことで、再審請求権者は調書の謄本の一部につき交付を受けることができるという実務運用がされるようになりました。しかし、それでも調書の謄本の一部しかもらえませんでした。そもそも、調書の一部の謄本をもって事件を精査し、再審を請求することは難しいでしょう。しかも裁判所の判断にはバラツキもあり、一部の謄本の交付さえ認められない場合も多くありました。弁護士は事件の確定記録のすべてを入手することができるのに、再審請求権を有する当事者が、すべての記録を閲覧できないのは疑問です。さらに、近時、電磁的記録の使用が一般化してきました。電磁的記録は弁護士が閲覧できる一件記録に含まれるかどうか、実務上の争いがあり、行政訴訟の末に閲覧できるようになったケースもありました。

これらの経緯を経て、記録や証拠をめぐって、記録閲覧の主体の違いから生じる閲覧方法や閲覧範囲の違い、電磁的記録の閲覧可否に関する問題が浮かび上がってきました。

〈記録情報獲得権という権利の創設と具体化〉

記録情報獲得権は、もともとは判決確定後の証拠閲覧を念頭に与えられた名称ではありません。記録情報獲得権という名称が初めて使われたのは、2018年３月に出された憲法解釈762号においてです（憲法解釈は、「大法官解釈」とも呼ばれます。大法官〔日本の最高裁判事〕は憲法の解釈、法律と命令の統一的解釈をする任務が課されています〔台湾憲法78、79条〕。大法官が組織する大法官会議により、憲法、法律と命令が解釈されていました。また、憲法法廷を組織し、総統と副総統の弾劾、政党の違憲解散事項について審理していました。その後、2019年憲法訴訟法が成立し、2022年の同法施行により、憲法解釈は具体的訴訟を通じて判決という方式で解釈されるようになり、「大法官解釈」はなくなりました）。台湾刑訴法33条２項により、弁護人がついていない被告人が限られた範囲と方式でしか証拠を閲覧できないということは、憲法上の人権侵害ではないかという観点から、憲法解釈が求められたのです。憲法解釈762号では、台湾刑訴法33条２項の「弁護人がついていない被告人」の証拠閲覧だけでなく、「弁護人がついている被告人」の証拠閲覧についても合わせて言及し、弁護人がついている被告人について、台湾刑訴法には記録内の情報を直接獲得する権利を与えていないこと、そして、弁護人がついていない被告人に記録内にある調書以外の記録と証拠物の謄本を請求する権利を与えていないことは、被告人の防御権の有効な行使を害し、台湾憲法16条の裁判を受ける権利に含まれる適正手続の原則の趣旨に反するとされ、これを１年以内に法改正しなければならないと判断しました。

そしてこのとき、判断の理由書において、記録情報獲得権という概念が明らかにされました。台湾憲法16条の裁判を受ける権利の趣旨は、公平な裁判を受ける権利が保障されること、適正手続のもとで刑事被告人に対して防御権が十分に保障されることです。これらの権利の保障には、被告人の記録情報獲得権が含まれると解釈され、原則として適切な時期に、適切な方法で、被告人自身が訴追された事件の記録と証拠物のすべてを知ることができるようにしなければならないとされたのです。なお、記録情報獲得権も一定の制約は免れることができず、防御の必要性、事件の内容、記録の保全性や安全性を考慮し、閲覧に代わる手段の有無と司法資源の有効利用等の要素を勘案して判断されるとされました。

このように、記録閲覧または証拠閲覧は、記録情報獲得権という権利として、憲法上の裁判を受ける権利の内実である適正手続と防御権に含まれることが、初めて認められました。記録閲覧や証拠閲覧ではなく、記録情報獲得権と名づけられたのは、科学技術の発展に伴い、記録は紙媒体に限らず、電磁的記録としても存在していることを考慮したためです。紙ではない媒体に記録されているものも、防御権の行使に必要な情報が記録されているということに変わりがありません。そのため、より広い範囲をカバーできる用語として、記録情報獲得権という概念が創設されたと考えられています。

この憲法解釈を受け、台湾刑訴法33条の改正は、2019年６月に行われました。まず、同条１項に規定された、弁護士による証拠閲覧について、改正前の条文は「閲覧、抄録または撮影」できるという文言だったのですが、実務上弁護士が印刷またはスキャンするという運用もされているため、「複製」という文言を付け加え、「公判中、弁護士は記録と証拠物を閲覧、抄録、複製または撮影することができる」とされました。そして、被告人による証拠閲覧について、弁護士がついているかどうかにかかわらず、同条２項に、「公判中、被告人は費用を予納し、記録と証拠物の謄本の付与を請求することができる。ただし、記録と証拠物の内容は、被告人の起訴事実と関係がなく、または別の事件の捜査を妨げ、もしくは当事者または第三者のプライバシーまたは営業機密と関係する場合には、裁判所はそれを制限することができる」と規定され、被告人が一件記録全体の謄本の交付を受けられることが明記されました。また、同条３項に、「公判中、被告人が裁判所の許可を得た場合、記録と証拠物の安全が確保されることを前提に、それを閲覧することができる。ただし、前項ただし書の事情がある場合、または被告人の有効な防御権行使に必要でない場合、裁判所はそれを制限することができる」と規定し、被告人が一件記録の原本を閲覧する方法を規定しました。

〈再審請求段階の記録情報獲得権の明文化〉

通常審における証拠閲覧の法改正が行われたときには、再審請求段階の証拠の閲覧に関する条文は、いまだ整備されていませんでした。しかし、2019年12月の台湾刑訴法「再審編」の改正で、記録情報獲得権が具体化し、台湾刑訴法429条３項に「第33条の規定は、再審請求の場合、それを準用する」という条項が新設されました。つまり、再審請求のために証拠閲覧を請求するとき、弁護士には台湾刑訴法33条１項が、再審請求人には同条２項・３項が、それぞれ準用されることになります。

改正理由として、「再審を請求するとき、どのような理由があるにせよ、記録や証拠物等関連する資料に接触し、把握することは、再審請求理由の有無や再審開始の可能性を検討するにあたり、極めて重要なことである。原条文には請求人の記録情報獲得権の明文規定がないため、実務上争いが生じた。それは法の不備であるため、第３項を新設する」と、再審を請求する際の証拠閲覧の重要性が述べられました。

⑷　原則的開廷と請求または職権による証拠調べ手続（台湾刑訴法429条の2、429条の3）

台湾刑訴法「再審編」には、再審請求があったとき、裁判所がどのような手続を経て再審請求の理由の有無を判断するのかということについて、何も規定していませんでした。そして、実務上は書面による審理がほとんどでした。2019年改正で、原則として開廷することと、請求または職権による証拠調べ手続が新設されました。まず、台湾刑訴法429条の２は、「再審の請求があったとき、必要がないものを除き、請求人および代理人を法廷に出頭するよう通知しなければならず、検察官および判決を受けた者の意見を聞かなければならない。ただし、正当な理由がなく法廷に出頭しない場合、または出頭拒絶を明言した場合には、その限りでない」と、原則として当事者が出廷すること、および意見を述べる権利を定めました。これにより、再審請求手続は原則として公開の法廷で行われることとなりました。また、台湾刑訴法429条の３第１項は、「請求人は、再審の請求をすると同時に、その事由を釈明し、証拠調べ請求をすることができる。裁判所はそれを必要と認めたときには、証拠調べを行わなければならない」と規定し、当事者の証拠調査権を定めました。そして、同条２項は、「裁判所は再審請求理由の有無を明らかにするのに、職権をもって証拠調べをすることができる」と裁判所の職権による証拠調べについても規定しました。

原則的開廷と、請求または職権による証拠調べ手続の明文化により、再審請求における審理はより可視化されることになりました。

⑸　判決謄本の交付請求（台湾刑訴法429条）

再審請求をするには、再審請求理由書のほか、判決謄本と証拠も一緒に提出しなければなりません（台湾刑訴法429条）。しかし、再審請求人が判決謄本を持っていない場合もあります。そのため、2019年の改正では、429条にただし書を付け加えて、再審請求をしようとする者は、裁判所に提出できない正当な理由があることを釈明して、判決謄本の交付を求めることができるようになりました。

(6) 手続違反への補正の機会(台湾刑訴法433条)

再審請求に法令上の方式違反があるとき、裁判所は決定で請求を却下することができます(台湾刑訴法433条)。しかし、再審手続は再審請求人と判決を受けた者の権利に関わるため、たとえば、原判決の謄本または証拠が再審請求時に一緒に提出されなかった場合でも、補正が可能である以上、裁判所は補正の期間を定め、補正を命ずるべきとされました。そのため、2019年の改正では、433条にただし書を付け加えて、「法律上の方式に反しているが、補正できるものであるときは、期間を定めて補正を命じなければならない」と規定しました。

(7) 抗告期間の明文化(台湾刑訴法434条2項)

台湾刑訴法「再審編」には、再審棄却決定に対する抗告手続およびその期間等は規定していませんでした。再審請求棄却決定に対して抗告するとき、台湾刑訴法406条に定められる一般的な抗告規定が使われ、期間は決定が送達されてから5日間とされていましたが、2019年の改正で、再審請求の棄却は請求人の権利に大きな影響を与えるため、抗告期間は決定が送達されてから10日間に延長されました(434条2項)。

5 法務部有罪確定事件審査委員会の成立

台湾政府は冤罪の救済に力を入れる改革を行いました。2017年、法務部は「検察機関有罪確定事件審査作業要点」(以下、「作業要点」)という行政規則を公布し、有罪確定事件審査委員会を組織しました。これは、アメリカの検察庁内における冤罪究明部門(Conviction Integrity Unit)の制度にならったものです。当該作業要点の1条に、「真実を発見し、冤罪を避ける」という目的を掲げました。

その作業要点によれば、再審または非常上告手続が行われ、破棄された事件がこの審査会の審査対象になります。申請主体は、検察官だけではなく、弁護士会または人権団体も、有罪の確定判決に疑いがあるかどうかを審査するよう、高等検察庁に申請することができます。また、判決を受けた者が、弁護士会または人権団体を通じて、審査を申請することもできます。申請にあたって、申請人は台湾刑訴法420条の再審請求理由または同法441条の非常上告事由に基づき、関連資料もあわせて添付し、提出しなければなりません。また、案件審査委員会の委員のうち、検察官の数は全員の２分の１を超えてはなりません。申請があったとき、担当検察官が書面で意見をまとめて、検事長に提出します。検事長が検閲した後、審査の必要があると認めたときには、審査会を召集し、作業要点に基づき、審査手続を進めます。最終的に、再審または非常上告に進む必要があると認めた場合には、検事総長または担当の検察官に送付します。必要がないとされたときには、申請人に通知します。

このような審査委員会が検察組織内に組織されて、６年近くが経過しましたが、実際に委員会を通じて雪冤したケースは多くはありません。有名な雪冤事案として、台湾北部の新竹市の宝飾店における強盗事件で有罪が確定した郭中雄事件があります。2019年、高等検察庁の審査により、無罪の可能性があるとされ、検察官は被告人の利益のために高等裁判所に再審を請求しました。2020年３月、高等裁判所により、郭中雄に再審無罪判決が出されました。

この審査会の組織目的は冤罪の救済であり、検察内部にこのような検証機関が設置されることは画期的といえます。とはいえ、検察官が自ら事件を審査し裁判所のように振る舞うことははたして可能なのか、と疑問視する声もあります。また、どれくらいの申請がされ、どのような審査が行われたのか、統計が公開されていないため、これからどのように成果を挙げていくのかを調査し、見極めていく必要があります。

6 おわりに

陳龍綺事件から台湾の刑訴法「再審編」に関する改正の過程、確定判決後DNA鑑定法などを紹介してきました。おわりに、台湾における法改正の特徴、そしてこれからの課題を提示したいと思います。

(1) 制度改正に先行する実務の運用

台湾では、1945年の国民党による支配から70年あまりが経って、2015年に再審請求理由である「確実な新証拠の発見」の改正が行われました。そして、2019年に台湾刑訴法「再審編」に弁護士代理人選任権、記録情報獲得権、再審請求における原則的開廷、請求または職権による証拠調べ手続等の権利を新設しました。それだけでなく、特別法として確定判決後DNA鑑定法も制定されました、これらの法律は長い歳月が過ぎた後、一気に改正が行われたのです。しかし、制度の改正は、単なる紙上談兵ではありません。なぜなら、制度が改正される前に、実務の運用が先に動いていたからです。

冒頭に紹介した陳龍綺事件においてもいくつかの注目すべき点がありました。当時、再審請求審は原則として開廷しないという建て付けであったにもかかわらず、開廷したことは驚くべきことでした。そして、裁判所が弁護人と鑑定担当の捜査機関である刑事警察局鑑識官を出頭させ、鑑定書の「排除できない」という文言を公開の法廷で解説させたことも滅多にないことでした。さらに、DNA型再鑑定を命じたことも画期的でした。

このように、法改正の前から裁判官は職権をもって開廷し、証拠調べを行い、さらには、DNA型再鑑定も命じています。このような積極的な職権行使は、たしかにそれほど多くの実例があるわけではありませんが、法改正前に、実務がこれを先取りしていたと評価することができます。このような訴訟指揮に対して、誰も裁判官の職権濫用と非難することはありませんでした。法の不存在を言いわけにすることなく、再審制度の目的のもとで、裁判官が再審請求人のため、真相解明のために、積極的に職権を行使することは、台湾における刑事司法の特色のひとつといえます。

⑵　法改正の推進力

制度の改正を実現させるためには、国会議員が提案した法案が国会で成立することが必要ですが、法改正に至る推進力も必要です。特に、一般的に利用頻度が少ない刑事再審制度に関する改正の必要性を訴えるためには、さらに大きな推進力が必要になります。台湾の刑事再審制度改正では、冤罪被害者とその家族、台湾IPといった民間団体の連帯が大きな推進力になったと評価できます。

台湾IPが結成した弁護団は陳龍綺事件における陳さんの支えとなり、彼の雪冤に協力しました。その後、陳さんは、台湾IPが担当する再審事件の当事者とその家族を支えながら、社会に対して確定判決後DNA鑑定法の必要性を訴え続けました。法律案という専門的かつ具体的な部分については、台湾IPと民間司法改革基金会が協力して起草しました。また法律家出身の立法委員である顧立雄、尤美女両氏は、元々人権問題に力を注いでいる弁護士ということもあり、台湾IPと民間司法改革基金会の提案を受け、何度も記者会見を開き、社会に対して立法の必要性を呼びかけました。

このように、当事者、支持者、法律家、民間団体、そして法律案を支持する立法委員がいるからこそ、再審制度は近年このように一気に改革することができたのではないでしょうか。

(3) 残された課題

台湾の刑事再審制度は迅速な法改正が行われ、官民挙げての協力のもと、これからさらなる進歩が期待できるでしょう。しかし、いくつかの課題がまだ残されています。

まず、確定判決後DNA鑑定法は制定されましたが、DNA型鑑定に供する鑑定試料と証拠物が適切に保管されないと、DNA型鑑定ができなくなります。その保管法制をどうするかについて、現在、台湾IPにおいても議論されています。また、台湾刑訴法「再審編」は大幅な改正が行われましたが、それに伴い再審開始決定がたくさん出されるようになったかというと、統計から見ればそうでもありません。新証拠の「確実性」の判断基準等の論点につき、実務での運用を蓄積し続けていく必要があります。

1945年以来、何の改革もされてこなかった再審制度は、この８年間で大きな変革を遂げました。そこは冤罪被害者、専門家と政府の努力がありました。しかし、法改正を受けた実務がどのように変化していくのか、これからも不断の監視のもと、検証を続けていく必要があります。

韓国の再審制度

1 韓国の再審法制の歴史と特徴

韓国の刑訴法上の再審規定は、歴史的経緯により、日本の刑訴法上の再審規定とほとんど同一です。台湾のように、具体的な改革はいまだ見られません。しかし、刑訴法以外の特別法によって、捜査機関や司法による人権侵害を救済したり再審手続を行っている点が特徴的です。また、誤判・冤罪に対する国会の積極姿勢、第三者機関による調査・改善勧告の実施、検察庁内部の変化、法改正に向けた具体的な動きなど、日本が参考にすべき点は少なくありません。

日韓併合後の1912年に、朝鮮刑事令が発布されました。これにより、当時の朝鮮には、フランス法体系の明治刑訴法が適用(依用)されました。1922年には、ドイツ法の影響を受けた大正刑訴法が、朝鮮刑事令の改正によって適用(依用)されました。第二次世界大戦後、韓国は、アメリカ合衆国の信託統治を受けます。米軍政庁は、日本の植民地統治の影響を排除することを試みました。その過程で、英米法に基づいて、令状審査や弁護権を軸とした人権保障を進めました。他方で、法体系の急な変革による社会の混乱を避けるために、大正刑訴法を引き続き用いました。

韓国は、1948年に憲法を、1954年に刑訴法を、それぞれ制定します。しかし、立法に関与した者は、戦前の日本の刑事法制しか知りませんでした。植民地統治期の朝鮮は大日本帝国の「外地」であり、京城帝国大学などで大日本帝国憲法や大正刑訴法を日本語で学んでいたためです。また、朝鮮戦争によって混乱を極めつつも、大韓民国政府樹立後の刑事法制整備が急務とされた時期でもありました。そこで、刑訴法の制定にあたっては、大正刑訴法に英米法の考え方を反映させつつ、一足早く1948年に制定された日本の現行刑訴法を参考にする手法が採られました。これにより、1954年に制定された韓国刑訴法は、日本の現行刑訴法と極めて類似したものとなりました。

1948年に制定された大韓民国憲法は、二重の危険を禁止しました(当時の23条、現13条1項)。そこで、再審規定のうち、不利益再審が廃止されました。しかし、それ以外の規定は、日本の現行刑訴法とほとんど同一のものでした。現在もなお、韓国刑訴法上の再審規定は、日本の刑訴法とほとんど同じです。

2 「過去事」とその清算

韓国では、1987年まで軍事独裁体制が続きました。この過程で、憲法や刑訴法が何度も改正され、刑事手続が体制維持や反体制派弾圧の道具として濫用されました。具体的には、無令状の身体拘束や、拷問による自白に基づいて、反体制派や民主化運動関係者を国家保安法違反で訴追・処罰し、排除してきました。

そこで、1987年の民主化後は、民主化前の人権侵害を省みて、刑事司法改革を積極的に展開しました。1954年に制定された韓国刑訴法は、大正刑訴法と日本の現行刑訴法の影響を大きく受けていました。そのため、民主化前の刑事手続法制を改めることは、民主化前の人権侵害の反省・清算と、日本の植民地統治の影響払拭という二重の意味を持ちました。民主化前の人権侵害を省みて、法制度を改廃したり、真相解明、被害救済、名誉回復などを行う一連の動きを、「過去事清算」と言います。

しかし、民主化前の人権侵害は、主に捜査手続の濫用に起因したものでした。そのため、民主化後の刑事司法改革は、捜査手続に集中しました。また、民主化前の人権侵害を早期に救済する必要性が認識されました。そこで、韓国は、刑訴法上の再審について議論したり判例法理を発展させるよりも先に、特別法による再審を広く認め、誤判・冤罪の救済や過去事清算を積極的に試みました。1988年に設置された憲法裁判所も、再審の門戸を拡げる役割を果たしました。また、2001年に設置された国家人権委員会も、再審と関連する重要な勧告・政策提言を行っています。なお、日本には、憲法裁判所も国家人権委員会(国内における個人の人権救済を目的とする独立機関)も存在しません。

3 刑訴法による再審

刑訴法上の再審規定は、すでに述べたように、日本とほとんど同一です。再審は、利益再審に限定されています(韓国刑訴法420条、421条1項)。再審手続は、再審請求段階と再審公判段階の二段階に分かれています。再審開始事由として、ノヴァ型再審とファルサ型再審が定められており、ノヴァ型再審が重要です。ノヴァ型再審に関する規定は、「有罪を宣告された者に対して無罪……〈中略〉……を認めるべき明白な証拠が新たに発見されたとき」に、「その宣告を受けた者の利益のために」再審を請求できるというものです(韓国刑訴法420条5号)。ノヴァ型再審を請求するためには、証拠の新規性と明白性が要求されます。再審開始決定に対する検察官抗告が可能であり(韓国刑訴法437条)、再審請求段階における証拠開示や国選弁護に関する規定はありません。

かつて、韓国大法院は、新証拠のみで確定判決を覆しうる場合に限って再審開始を認めるという単独評価説を採ってきました(대법원1995.11.8

선고, 95모67결정)。その後、大法院は、2009年に判例変更を行いました。しかし、大法院2009年判決(대법원2009.7.16선고, 2005모472판결)は、新証拠に求められる明白性の程度について、「確定判決の正当性が疑われる水準を超え、確定判決をそのまま維持できないほど高度の蓋然性」を要求しました。また、明白性の判断方法について、限定的再評価説によると判示しています。つまり、「有罪の確定判決がかつて事実認定の基礎とした証拠などのうち、新証拠と有機的・密接に関連・矛盾するもののみを再評価する」手法が採られます。韓国大法院は、明白性判断に「疑わしきは被告人の利益に」原則が適用されるかどうかについて、明言していません。しかし、2009年判決が明白性の程度に「高度の蓋然性」を求めていることから、利益原則の適用を否定していると解されています。大法院の判例によって、刑訴法上の再審には、高いハードルが課されています。

4 特別法による再審

「２『過去事』とその清算」で述べたように、韓国では、刑訴法以外の法令による再審を広く認めてきました。大きく分けると、憲法裁判所法による再審と、過去事清算のための個別立法による再審があります。

(1) 憲法裁判所法による再審

憲法裁判所法による再審の代表例は、憲法裁判所が違憲であると判断した法律・条項に基づいて、過去に有罪の確定判決を受けた者が行う再審です(憲法裁判所法47条３項)。特に、民主化前に制定された刑罰法令に基づいて、過去に有罪の確定判決を受けた者がいた場合には、憲法裁判所法に基づいて再審を請求することができます。この再審手続には、刑訴法の規定が準用されます(同47条4項)。また、「公権力の行使または不行使によって、憲法上保障された基本権を侵害された者」が、違憲審査を憲法裁判所に求め(同法68条1項)、憲法裁判所がその主張を容れて違憲決定をした場合にも、再審が認められます。この場合、憲法裁判所法47条が準用され、憲法訴願請求人(基本権侵害を理由に憲法裁判所に違憲審査を訴えていた者)は再審請求できます(同法68条6項)。

(2) 過去事清算のための個別立法による再審

〈前提となる時代背景〉

1972年以後、軍事独裁体制は、憲法を改正して大統領権限を拡大したり、緊急措置権を設けたりしました。緊急措置権とは、安全保障や公共秩序にとって重大な脅威が想定されるときに、大統領が内政・外交・国防・経済・財政・司法などの国政全般にわたって必要な緊急措置を採ることができる権限です(1972年韓国憲法53条1項)。緊急措置が執られると、国民の憲法上の基本権は「暫定的に停止」されました(同2項)。その判断が、司法審査を受けることもありませんでした(同4項)。

民主化運動や市民デモなどは、憲法改正の主張を含む表現・集会等の自由を一切認めない緊急措置とあいまって、訴追・処罰の対象とされました。ここでは、無令状の身体拘束や捜索・押収が行われたり、拷問が常態化し、「スパイでっち上げ(간첩 조작)」が行われました。このような時代背景の下、民主化運動弾圧事件が数多く発生します。また、このような捜査慣行の下で、通常刑事事件についても後に誤判・冤罪と言われる事件が相次ぎます。

なお、1970年代に発出された複数の緊急措置は、2013年に違憲決定を受けています(헌법재판소2013.3.21선고, 2010헌바70결정)。これにより、緊急措置違反で有罪の確定判決を言い渡されていた者は、憲法裁判所法上

の再審請求ができるようになりました。

〈「過去事」の代表的事件〉

1972年憲法期の韓国を象徴する事件が、1975年に起きた人民革命党再建委員会事件です。中央情報部(KCIA)が、軍事独裁体制に反発する学生デモを検挙しました。そして、学生団体の背後組織としてデモを首謀した疑いで、人民革命党再建委員会のメンバー８名が軍法会議にかけられました。政府は、大法院が死刑判決を言い渡した18時間後に８名の死刑を執行し、遺体をただちに火葬しました。韓国では、「司法殺人」として知られている事件です。

1980年には、5.18光州民主化運動弾圧事件が発生します。この事件は、光州で行われた市民による大規模な民主化運動を、軍部が武力で制圧したものです。参加した市民の多くが死傷し、生存した者も「スパイに扇動された暴徒」として内乱罪や国家保安法違反などで訴追・処罰されました。

〈特別法による過去事清算と再審〉

個別事件について特別法を立法して、再審を行った代表例は、「5.18民主化運動等に関する特別法」による再審です。5.18特別法は、1995年に金泳三政権下で制定されました。同法４条は、光州民主化運動と関連する行為等で有罪の確定判決を言い渡された者について、刑訴法上の再審開始事由の有無を問わずに、再審請求を認めました。これにより、400名近い者が再審無罪判決を受けました。特別法によって再審無罪判決に至った他の例として、「釜馬民主抗争関連者の名誉回復及び補償等に関する法律」や、「済州4.3事件真相究明及び犠牲者名誉回復に関する特別法」などによる再審があります。

〈行政による過去事清算と再審〉

行政による過去事清算と再審の代表例は、2000年に金大中政権下で設置された疑問死真相究明委員会(以下、疑問死委と言います)による調査・再審です。疑問死委は、大統領直轄の時限的組織として、民主化運動と関連する疑問死を調査しました。調査の結果を踏まえて捜査機関に捜査を要請したり、告発することで、刑事再審に繋げました。

人民革命党再建委員会事件は、疑問死委の調査を契機として再審無罪判決に至った事件です。疑問死委は、ソウル地検内に保管されていた資料を分析し、人民革命党再建委員会事件における拷問の事実や、調書の日付改ざんなどを明らかにしました。2002年末、元死刑囚の遺族などが、調査結果を踏まえて再審を請求しました。これにより、2005年12月に再審開始が決定し、2007年1月に8名全員に対して再審無罪判決が言い渡されました。

2005年には、盧武鉉政権下で、真実・和解のための過去事整理委員会(以下、真実和解委と言います)が設置されました。真実和解委は、個別立法で解決できなかった過去事を整理する独立組織です。設置の根拠法令である真実・和解のための過去事整理基本法1条は、「抗日独立運動、反民主的又は反人権的行為による人権蹂躙、暴力・虐殺・疑問死事件等を調査し、歪曲・隠蔽された真実を明らかにすることで、民族の正統性を確立し、過去との和解を通じて未来に進むための国民統合に寄与すること」を目的としました。つまり、近現代に起こった人権侵害を幅広く調査対象としています。真実和解委は、2005年から2010年末までの間に11,175事件を審査し、8,450事件について調査開始を決めました。その対象は、民主化運動弾圧事件に限らず、通常刑事事件も含みました。真実和解委の調査の結果、再審無罪判決に至った代表例は、春川強姦殺人事件です。元被告人は、10歳の少女を強姦・殺害したとして、1973年に無期懲役刑が確定していました。ところが、真実和解委の調査によって、捜査段階の拷問と虚偽自白が明らかになりました。この調査結果に基づいて再審請求が行われ、2008年11月に再審無罪判決が言い渡されました。検察官は控訴・上告したものの、それぞれ棄却され、再審無罪判決が確定しました。

真実和解委は、2010年12月末に、李明博政権の強硬路線によって活動を終えました。しかし、第二次真実和解委の設置を望む声が多く寄せられ、立法提案が複数回発議されました。そして、2020年、真実・和解のための過去事整理基本法の改正によって、第二次真実和解委が設置されました。真実和解委は、調査申請を受けた事件のほか、職権で対象事件を選定し、調査を行います。判決が確定した事件であっても、再審事由に該当し調査が必要であると認める議決を行えば、調査することができます(改正過去事整理基本法２条２項)。第二次真実和解委によって、捜査機関や司法による人権侵害や誤判・冤罪について、第三者調査が進むことが期待されています。

5 裁判所の積極姿勢と再審

裁判所の積極姿勢によって再審無罪判決に至った事件として、康熙哲(カン・ヒチョル)事件があります。康熙哲は、1975年に済州島から大阪へ密入航した後、1981年に日本の警察から職務質問を受け、退去強制処分を受けました。中央情報部は、康熙哲に対して、日本でスパイ活動を行ったという疑いを抱きます。そして、1986年に、康熙哲を無令状で身体拘束し、北朝鮮スパイや国家保安法違反事件を特別に捜査する「対共分室」に連行し、拷問や過酷な取調べを行いました。康熙哲は、85日間にわたる拷問によってスパイ行為を「自白」し、最終的に無期懲役判決を受けました。その後、1998年の特赦で釈放されるまで、約10年間服役しました。

2005年、康熙哲は、当時の自白のうち、スパイ活動を行うために訪れた平壌の施設として説明していた建物内の間取りが、釜山市にある自身の下宿先のものであったことなどを示し、再審請求を行いました。しかし、当時の判例法理は、新証拠の明白性判断にあたり、単独評価説を採っていました。そのため、請求人が提出した証拠のみで再審を開始することは困難でした。ところが、裁判所は、当時の捜査官を証人として尋問したり、対共分室の検証を自ら行いました。検察官も、当時の捜査官から独自に聴取し、不法監禁や拷問があったことを記載した供述録取書を裁判所に提出しました。その結果、捜査に関与した捜査官の「職務上の犯罪」が立証され、2006年に再審開始が決定しました。その後、再審公判を経て、2008年６月に再審無罪判決が言い渡されました。

ただし、その後、裁判所の積極姿勢が再審開始を直接に導いた例はありません。この時期は、過去事清算が本格化し、個別事件の特別法が立法されたり、疑問死委や真実和解委の調査を通じた再審が行われ始めた時期です。過去事清算・再審を主導する立場は行政や立法に譲り、司法の役割に徹する姿勢に転換したようです。しかし、裁判所が自ら積極的に過去の誤ちを省みた姿勢には、特筆すべきものがあると思われます。

6　検察改革と再審

(1)　検察改革の動向

民主化前に行われた反体制派の弾圧は、検察が政権の手足となることで実現していました。検察制度は、刑事司法制度と同様に、植民地統治期に日本から継受した制度に基づいています。そのため、検察改革は、権限濫用防止と過去事清算という２つの意味をもって、民主化後から盛んに議論されてきました。元大統領・文在寅が、大統領選の選挙公約に検察改革を挙げたのも、このような文脈で理解することができます。検察改革の主な論点は、警察と検察の捜査権限調整、組織改革、検察官の訴追者への純化などです。検察改革をめぐる議論は、高位公職者犯罪捜査処(大統領や自治体の長、裁判官、検察官などの「高位公職者」による職務犯罪を捜査・起訴する機関)の新設や、検察官が作成した調書の証拠採用要件を厳しくする刑訴法の改正などに結実しています。

2017年12月、文在寅政権は、検察による人権侵害や権限濫用を調査するために、検察過去事委員会を組織しました。検察過去事委員会は、法務部(法務省)内に設置され、研究者や弁護士など外部委員9名により構成されました。検察過去事委員会と法務部長官(法務大臣に相当)は協助の関係にあり(法務部訓令「検察過去事委員会規則」2条2項)、独立性を担保しました(同条1項)。この下部組織として、過去の事件を調査する大検察庁真相調査団が設置され、個別事件を実際に調査することになりました。

⑵ 薬村五叉路事件

大検察庁真相調査団が調査し、検察過去事委員会が検察の対応を批判した事件の一つに、薬村五叉路事件があります。薬村五叉路事件は、2000年に益山市で発生したタクシー運転手殺人事件です。事件を通報した15歳の少年Aが犯人と疑われ、2001年5月に大法院で懲役10年の有罪判決が確定しました。その後、2003年に、別の警察署が事件を再捜査し、真犯人Xの自白を得ました。しかし、検察は、物証が乏しいことを理由に、嫌疑なしと判断していました。2013年、Aは、満期出所後に、Xの自白などを新証拠として再審を請求しました。2015年6月、光州高裁は、再審開始を認めます。これに対して、検察官が不服申立(抗告)を行いました。しかし、2015年12月、大法院が検察官の抗告を棄却し、再審開始決定が確定しました。再審公判を経て、2016年11月、Ａに対して無罪判決が言い渡されました。

検察官は、再審無罪判決が出た当日にＸを身体拘束し、2016年12月に公訴提起しました。Ｘは、第一審および控訴審でそれぞれ有罪判決を言い渡され、2018年３月に懲役15年の有罪判決が確定しました。なお、薬村五叉路事件は、2015年８月９日に公訴時効が完成する予定でした。2015年６月の光州高裁による再審開始決定は、Ｘの自白を新証拠としていたため、Ｘが真犯人であることを前提としていました。しかし、検察官は、Ｘに対する捜査を充分に行わずに、大法院に抗告していました。結果として、公訴時効完成９日前である2015年７月31日に、人を殺害した罪で死刑に該当する犯罪について公訴時効を適用しない刑訴法253条の２が施行されたため、Ｘの訴追が可能となったという事情がありました。

大検察庁真相調査団は、薬村五叉路事件について調査し、その結果を検察過去事委員会に報告しました。検察過去事委員会は、警察官が少年Ａを暴行して自白を得るなどの違法捜査があったことを認定しました。また、無罪方向の物証を十分に検討していないことや、公判を維持した検察官の姿勢を問題視しました。さらに、2015年の再審開始決定に対する検察官抗告について、「特別な根拠を提示しないもの」と批判しました。また、この抗告は、本件の時効完成前に抗告審決定が下されないことを予想した上で行ったものであると評価し、「国家刑罰権の行使に重大な障害をもたらすおそれがある」と指摘しました。その上で、検察過去事委員会は、検事総長がＡやその家族、被害者遺族に直接に謝罪すること、国家賠償を迅速に進めること、本件再審の対応過程の適正性を検討することを法務部に勧告しました。

なお、大検察庁真相調査団も、本件抗告を「機械的抗告」と評して問題視していました。検察は、特段の理由なく抗告し、本件公訴時効の完成を期待したのではないかという疑念があったためです。そして、このような抗告は、過ちを認めない検察の長年の慣行に起因すると批判しました。

⑶ 国家人権委員会による検察官抗告の改善勧告

大検察庁真相調査団による検察官抗告への批判と同時期に、国家人権委員会も検察官抗告の改善を勧告しました。

2001年に設置された国家人権委員会は、三権から独立した国内人権機関です。国家人権委員会法は、「すべての個人が有する不可侵の基本的人権を保障し、その水準を向上させることにより、人間としての尊厳と価値を実現し、民主的基本秩序の確立に資すること」を目的としています（同法１条）。国家人権委員会法上の「人権」とは、憲法、法律、国際人権条約、国際慣習法が認める「人間としての尊厳と価値及び自由と権利」を指します（同法２条１項）。国家人権委員会は、司法・行政・立法のいずれにも所属しません（同法３条２項）。立法および裁判所の裁判を除く国家機関との関連で憲法上の基本権を侵害された者などは、国家人権委員会に対して陳情を行うことができます（同法30条１項）。陳情を受けた委員会は、陳情に理由がない場合でも、人権侵害や差別行為があったと信じるに足りる相当な根拠があり、その内容が重大であると認められるときは、職権で調査することができます（同法30条３項）。

陳情人は、2000年８月、尊属殺人罪で無期懲役の有罪判決を言い渡され、2001年３月にこれが確定し、服役中でした。2015年１月、陳情人は、刑訴法上の再審事由があることを主張して再審請求を行いました。2015年11月、再審請求を受けた裁判所は、再審開始を決定しました。これに対して、検察官が即時抗告しました。2017年２月、即時抗告審は、検察官の即時抗告を棄却します。しかし、検察官は、再び抗告しました(この抗告は、日本の特別抗告に相当するものです)。最終的に、2018年９月に大法院が検察官の抗告を棄却し、再審開始決定が確定しました。

陳情人は、検察官抗告によって再審手続が遅延し、身体拘束状態が継続したことの不当性を主張し、国家人権委員会に陳情を行いました。国家人権委員会は、「さまざまな事件について再審手続が進行しており、再審制度に対する国民の関心が高まり、刑事司法体系における誤判防止のための方案を設けなければならないという要求が台頭している」ことを挙げ、「現行の再審制度が実体的真実の発見を通じた被告人の人権保障の要請と国家人権基準に符合するか否かを検討する」として、政策勧告・意見表明を行いました(국가인권위원회2018.11. 5 결정, 17진정744400・17진정0744500 (병합))。

この決定は、本件以外の再審請求事件の審理日数なども踏まえて、再審開始決定に対する検察官抗告が手続の長期化を招いていることを指摘しました。そして、法務部長官に対して、刑訴法改正の検討や抗告権限の慎重な行使を勧告しました。また、大法院長(最高裁長官に相当)に対して、再審請求事件の処理期限の設定、裁判所内部における再審専門部の設置などの制度的改善策を検討すること、再審請求審を迅速に進行すること、再審開始決定時における刑の執行停止決定を積極的に行うことなどの意見を表明しました。

国家人権委員会の勧告や意見表明に、法的拘束力はありません。しかし、勧告を受けた各省庁の勧告履行率は、93%を越えています。法務部も、勧告を受けた2018年11月に、改善案を作成するために、再審手続や検察官抗告に関する研究を外部学会に依頼しました。また、検察庁に対して、再審開始決定に対する抗告を慎重に行うように指揮しました。これを受けて、大検察庁公安部は、2019年６月に「過去事再審事件対応マニュアル」を策定しました。マニュアルでは、裁判所の再審開始決定に明白な誤りがない限り、即時抗告を行わないことや、再審公判における白紙求刑（検察官が求刑を行わずに「適切な判断を求める」と述べること）の自制など、手続に応じた詳細な基本方針が示されています。なお、裁判所も、学会に依頼して、研究報告書『刑事再審制度の改善方案に関する研究』（2017年）を取りまとめています。

⑷　指導的役割を果たす検察官の登場と内部的変化

韓国の検察でも、「位階的な組織文化」や「検察上層部の政治化」などが問題視されてきました。個々の検察官は、自らが信じる「公益の代表者」としての姿勢を貫徹しにくい土壌があるといいます。しかし、独特の組織体質を持った検察庁の改革を目指し、内部告発などを行う現職の女性検察官が現れました。現・大邱地方検察庁の林恩貞（イム・ウンジョン）です。

林恩貞は、2012年以降、過去事関連の再審公判において、上層部の意向に反して無罪求刑を複数回行いました。法務部は、林恩貞に対して懲戒処分を下しました。これに対して、林恩貞は、法務部長官を相手に懲戒取消訴訟を提起し、最終的に懲戒取消の判決を得ます（대법원 2017.10.31선고, 2014두45734판결）。その後も、林恩貞は、自身に対する不利益人事を理由に国家賠償訴訟を提起したり、検察幹部のセクハラを告発して国内の#MeToo運動を興したり、複数の検察幹部の不正を刑事告発するなど、現職検察官として組織の内部から検察改革を試みてきました。林恩貞は、階級制度や組織文化、選別的な捜査慣行、身内の庇護体質などが相俟って、検察が「『検察は間違わない』という思考に基づいており、過ちを謙虚に認めることに消極的」であることを問題視しています。

このような検察官は、林恩貞以外にも現れ始めています。安美賢(アン・ミヒョン)は、カジノ施設職員の採用不正事件で国会議員や関係者の関与を指摘し、検察上層部の意に反して捜査を進め、圧力をかけた検察上層部の実名を公表して注目を集めました。また、組織的にも、徐々に内部的な変化を見せ始めています。これまで極めて稀であった、検察官による再審請求が、2017年９月以降、徐々に増えています。2017年８月から2019年６月末までの間に、民主化前の政治・公安事件などと関連して、計487名について検察官が再審を請求しています。

7　刑訴法上の再審への影響——法改正へ向けた動き

2019年には、極めて著名な殺人事件の「真犯人」が登場し、再審規定の改正へ向けた現実的な動きが生じました。

(1)　女性連続殺人事件と再審請求

1986年以降、女性ばかりが被害者となった連続殺人事件が発生しました。一連の事件は、同一人物による犯行であると疑われました。しかし、８番目の事件のみ、模倣犯による犯行であるとされていました。そして、第８事件を行ったとして、Ｂが無期懲役の有罪判決を受けました。Ｂは、約20年間服役した後、2009年に仮釈放されました。第８事件については、当初から捜査過程の違法が指摘されたり、冤罪疑惑が向けられていたほか、第８事件以外の事件が未解決であったこともあり、韓国ではとても著名な事件として知られていました。

2019年７月、警察が遺留品残留DNA型を現在の技術で鑑定し直したことで、事態は急展開します。連続殺人事件の残留DNA型が、他事件で服役中のＹのものと類似していることが判明したのです。同年10月、

Ｙは、第８事件を含む一連の連続殺人など、14件の殺人と30件以上の強姦について、自身の犯行であることを供述します。そこで、Ｂは、Ｙの自白などを新証拠として、同年11月13日に再審請求を行いました。検察官も、同年12月23日に、再審開始を要請しました。2020年１月14日、水原地裁は、再審開始を決定しました。同年２月６日に行われた再審公判準備手続では、担当裁判官が謝罪するとともに、Ｂが長期間服役したことや、現時点で検察官もＢが無罪であると考えていることなどを挙げ、Ｂや弁護人が同意するならば迅速に無罪判決を言い渡すことを示唆しました。しかし、弁護人は、無罪判決を受けることと同様に、実体的真実の発見も重要であり、充分に審理すべきであると主張しました。検察官も、そのために最大限の協力を行うと約束しました。その後、2020年11月19日、検察官は、再審公判で無罪を求刑し、Ｂに謝罪しました。2020年12月17日、水原地裁は、Ｂに対して再審無罪判決を言い渡しました。

(2)　再審関連規定の改正へ向けた現実的な動き

第８事件に関する再審請求の直後である2019年12月４日、Ｂの弁護人である朴俊映(パク・ジュンヨン)は、国会議員、現職裁判官、記者、弁護士会会長などと、国会議員会館で「再審関連刑事訴訟法改正のための討論会」を開催しました。この討論会を経て、「共に民主党」所属の国会議員(当時)・表蒼園(ピョ・チャンウォン)は、刑訴法一部改正法律案を発表しました。改正案は、再審請求審の長期化や判例の厳格な態度などを踏まえると、現行の再審規定が無辜の救済という理念に合致しないという理解に基づくものでした。そして、具体的に、再審開始決定に対する検察官抗告の制限や、再審手続における審理期間の設定などに関する改正案を提示しました。

表蒼園は、2020年５月29日までの議員任期期間中に、改正を実現させると宣言しました。しかし、新型コロナウィルス感染症の拡大や第21代国会総選挙の影響もあり、法案が審議入りしないまま国会会期が終了し、自動廃案となりました。表蒼園の任期も同年５月末で終了したため、表蒼園自身が再審規定の改正を牽引することはなくなりました。しかし、現在もなお、済州4.3事件の再審や被害者救済が頻繁に報道されています。また、韓明淑(ハン・ミョンスク)元国務総理の政治資金授受問題と関連して、政治問題としても再審に関する関心が高まっています。韓国における立法の迅速性を踏まえると、再審規定の改正が実現する見込みは充分にありそうです。

8　おわりに

韓国における刑訴法上の再審法制は、基本的に日本と同じです。白鳥決定に相当する判例法理が存在せず、新証拠の明白性判断にあたって利益原則(「疑わしいときは被告人の利益に」の原則)の適用が宣言されていない分、日本より問題が深刻かもしれません。他方で、過去事清算と関連して、捜査機関や司法による人権侵害を迅速に救済する必要性が強く認識されてきました。

そこで、刑訴法上の再審よりも、特別法が活用されました。韓国には、「基本法には手をつけてはならない」という考え方があります。植民地統治期には、日本帝国議会が制定した「内地」の法令が、総督府制令によって「外地・朝鮮」に適用されていました。そのため、社会の変化や新たな立法事実に対応する際には、基本法の改正ではなく、特別法を制定・改正するほかありませんでした。現在も、基本法令を不可侵と捉え、特別法の制定・改正によって問題を解決しようとする視点が残っていると指摘されています。また、民主化前に国会の立法機能が萎縮していたことの反動として、2000年代以降に議員立法が活性化していることも、影響しているかもしれません。2016～2020年に開かれた第20代国会では、発議された法案の90％近くを議院立法が占めました。特別法の制定・改正は、基本法の改正よりも容易であり、政策推進意志を世論に伝えやすいため、国会議員に好まれると言います。何より、「過去事被害者」が国会議員として改革を主導してきたことも、大きく影響しているでしょう。もっとも、韓国でも、刑訴法上の再審規定の不備や構造的な問題が認識されています。それが、刑訴法改正へ向けた近時の動きに繋がっています。

韓国では、外部の第三者機関による検証も、重要な役割を果たしてきました。疑問死真相究明委員会、第一次真実・和解のための過去事整理委員会、検察過去事委員会・大検察庁真相調査団、第二次真実・和解のための過去事整理委員会などは、いずれも異なる文脈で、外部の第三者機関として検証を行ってきました。法院行政処（最高裁事務総局に相当）による学会への比較研究依頼や、国家人権委員会による職権調査・勧告なども、外部の第三者機関が検証・批判・勧告する重要性を示しています。

加えて、検察内部の改革も進みつつあります。検察過去事委員会の下位組織である大検察庁真相調査団は、研究者や弁護士などの外部構成員に加えて、検察官も構成員に含んでいました。また、検察内部から改革を試みる検察官も誕生しています。これらが、再審マニュアル作成や職権による再審請求に結実しています。韓国の検察は、国民の信頼獲得を目指し、「検察の誤りを自ら検証する視点」を備えつつあります。

さらに、憲法的価値・国際人権を追求する国家人権委員会決定や、法院行政処による比較研究依頼などは、公的機関による国際的視点を踏まえた検討の必要性も示唆します。

何より、これらの動きを支えるのは、国会議員を含む市民です。韓国では、弁護士会や研究者よりも、国会や行政が議論・改革を主導する傾向があります。また、議員立法が極めて活発であるほか、「過去事被害者」議員などが現実的想像力と熱意を持って誤判・冤罪や刑事手続における人権侵害に取り組んでいることも特徴的です。さらに、国家的事業であるエンタメを活用していることも、刑事司法や誤判・冤罪、再審に対する市民の関心を高める契機となっています。5.18光州事件などの民主化運動弾圧（映画『タクシー運転手』など）、対共分室における拷問・自白強要（映画『南営洞1985』『1987、ある闘いの真実』『弁護人』）、1980年代女性連続殺人事件（映画『殺人の追憶』）、薬村五叉路事件および再審弁護士・朴俊映（映画『善悪の刃』）、内部から検察改革を目指す林恩貞（映画『トガニ』公判担当検察官のモデル）などは、映画や書籍で頻繁に描かれており、誰もが知る存在です。捜査機関や司法による人権侵害や再審手続に、市民が強い関心を寄せていることは、改革を進めるうえで極めて重要な要素と言えるでしょう。

台湾と韓国から日本が学ぶべきこと

1　はじめに——なぜ、台湾と韓国の動きが重要なのか

ここまで、台湾と韓国の再審制度をめぐる動きを紹介しました。

法制度の改革にあたっては、海外の法制度との比較の視点から、あるべき法制度を模索する、という方法がよく採られます。再審や誤判救済のための制度についても、これまでドイツ、フランス、イギリスなどの

ヨーロッパ諸国やアメリカの制度が紹介され、これらの国々の制度を踏まえた検討が行われてきました。しかし、欧米と比較しながら日本の制度改革の必要性を訴えると、決まって「日本は欧米諸国とは違うから」という、一種の「アレルギー反応」が出てくるのも事実です。

本書で、台湾と韓国の制度を紹介する理由はここにあります。台湾と韓国は日本の刑訴法を「お手本」として刑事司法制度を構築しました。台湾は、日本の戦前の旧刑訴法(大正刑訴法)をベースとしており、一方、韓国は第二次世界大戦後、日本と同様にアメリカの占領政策を経て、日本の現行刑訴法を取り入れる形で刑事司法制度がつくられました。

このように、同じ日本の刑訴法でも、台湾と韓国のそれぞれがお手本としたバージョンは異なります。もっとも、Part2「日本の再審はどうなっているの？」で述べたとおり、日本の現行刑訴法の中でも、再審制度については大正刑訴法からほとんど変わっていないので[→103頁]、再審に関しては、日本、台湾、韓国は、ほぼ同じ条文をもとに制度設計されたといえます。

そして、実際に起こった冤罪事件を契機として、ここ最近の台湾と韓国では、再審制度やその運用を変える動きが加速しています。現行刑訴法の施行から70年以上が経過しましたが、日本では、再審に関するルールはただの一度も改正されたことがありません。台湾や韓国に生じているダイナミズムと、動かない日本の違いは何か、そして、台湾や韓国から何を学ぶべきかについて、考えてみましょう。

2 台湾の「ここに注目」

(1) 急激に進んだ改正

台湾の再審規定は、日本の大正刑訴法に由来し、2015年までは制定当時のままでした。

日本で再審開始が認められる要件である「無罪を言い渡すべき明らかな証拠を新たに発見したとき」とほぼ同じ条文が台湾刑訴法にもあり(台湾刑訴法420条)、「確実な新証拠」と表現されていました。そして、この条文にいう「新証拠」とは、確定判決当時に存在したものでなければならない、と解釈されていました。この解釈に基づくと、事件当時は存在せず、その後の科学の進歩によってもたらされた新たな知見にもとづく鑑定は「新証拠」として認められません。これでは新しい科学的な知見によって冤罪被害者を救済できないことになってしまいます。また、「確実な」についても、その新証拠のみで無罪を証明できるほどの証明力を要求するような判例もあったようです。つまり、台湾の当時の解釈では、日本よりも再審が認められるハードルが高かったといえます。

しかし、2015年に、この条文が日本の白鳥・財田川決定の解釈を取り入れた形で改正されたのを皮切りに、2016年の確定判決後DNA鑑定に関する法律(以下、「確定判決後DNA鑑定法」)、2019年の台湾刑訴法における再審規定の大改正、と急ピッチでの改革が実現しました。

そこで、台湾でこのように劇的な法改正が実現したことについて、注目すべき点を指摘します。

(2) 法改正の背景にあった裁判所の積極的姿勢

台湾は日本の大正刑訴法を踏襲したため、通常審も再審も基本的には裁判所主導で手続を進める「職権主義」が採られています(もっとも通常審では検察官に当事者としての地位を与える方向での法改正が進み、また2023年1月から始まった「国民法官制度」は、当事者主義を前提とした日本の裁判員裁判と類似した制度になっています)。

職権主義は、審理をどう進めるかが裁判所の裁量に委ねられるので、裁判所がすべきことが法律で明確に義務付けられることは少なくなります。このため、日本では、職権主義という言葉はどちらかというと「裁判所が何もしなくてよいこと」の言いわけに使われる傾向にあります。裁判所が証拠開示に向けた訴訟指揮をしない、新証拠として提出した鑑定について鑑定人の証人尋問を行わない、といった場面で、「職権主義であり、やるかやらないかは裁判所の裁量で決めてよいのだから、やらなくても違法ではない」という具合です。

しかし本来、職権主義のもとでは、「真実発見のために裁判所が適切に職権を行使する」ことが求められているはずです。台湾では、陳龍綺さんの再審事件で、裁判所が職権により、DNA型鑑定を行った刑事警察鑑識官を尋問し、さらにDNA型の再鑑定を命じたことで陳さんの再審無罪がもたらされました。そしてこのような実務での運用が、確定判決後DNA鑑定法や、2019年の再審法改正において公開の法廷での証拠調べ手続が義務化されたことに影響を与えたと考えられます。

日本では、証拠開示や証人尋問を実施するか否かが、その事件を担当する裁判官の「やる気次第」となってしまっている「再審格差」が問題視されています。格差をなくすために、「やる気のある裁判官」が行った積極的な運用を評価し、「やる気のない裁判官」でも必要なことをやるよう義務付ける法改正に結び付けることが必要ではないでしょうか。

⑶　冤罪事件の経験を法制度改革に直結させた「連携と協働」

陳龍綺さんの再審事件では、DNA型の再鑑定が再審無罪の決め手となりました。この経験が、前述の確定判決後DNA鑑定法の制定や2019年再審法改正に直結したことは明らかです。日本では法改正の必要性を示す事案が生じてから、実際に法改正されるまでに長い年月を要することが多いのに、なぜ、台湾では短期間で法改正の実現に至ったのでしょうか。

まず何より、台湾IP（イノセンス・プロジェクト）や民間司法改革基金会といった民間団体による冤罪救済活動とその劇的な成果が大きく影響したことは言うまでもないでしょう。しかし、もう一つ注目すべき点は、「官」と「民」、さらに「官」にあっては立法、行政、司法の垣根を超えた連携によってスピーディな法改正が実現したことです。2016年の確定判決後DNA鑑定法では、冤罪被害者本人、支援者・支援団体、弁護士、そして法律専門家出身の立法委員が手を携えて立法を実現しました。また、再審に関する2019年刑訴法改正は、行政のトップである台湾総統直属の機関として設置されている、総統府の司法改革国是会議の勧告により、司法院（日本の最高裁判所）と行政院（日本の内閣）の連名で、立法院（日本の国会）に提出されたものです。

日本では、2016年の刑訴法改正の際、再審における証拠開示の問題が検討されましたが、通常審では証拠の一覧表の交付制度など、証拠開示を進める改正がされたのに、再審における証拠開示については何らの改正もされませんでした。ただ、改正法の附則９条３項に、いわば政府に対する「宿題」のような形で、「政府は、この法律の公布後必要に応じ、速やかに、再審請求審における証拠の開示……〈中略〉……等について検討を行うものとする」と規定されたため、これを検討するために最高裁、法務・検察、警察、日弁連の四者による協議会が設けられました。しかし設置から６年あまり、議論はまったく進みませんでした。

現場の裁判官と話をすると、「日本の再審手続はルールがないからどのように進めたらよいか不安になる」「裁判官である以上、すべての証拠を見て判断したい」という意見を聞くことがよくあります。ところが、これが公式協議の場となると、三権分立を意識してか、「立法には口を出さない」というスタンスになります。日本と台湾とでは権力分立に対する考え方や仕組みが異なりますが、再審を審理する裁判官たちにこのような声が上がっていることが、もっと立法に活かされるべきではないでしょうか。

⑷ 検察官の矜持

台湾では、台湾IPの活動による冤罪救済が、検察官のあり方にも大きな変化をもたらしました。2018年の台湾IPの年次大会で、開会の挨拶に立ったのは、台湾検察のトップである最高検察署の江惠民検察総長(当時)でした。その挨拶の中で、江総長は「冤罪を国家の問題として取り組まなければならない」「検察官、裁判官には、冤罪が当事者にどれほどの傷を負わせたのかを心から知ってもらいたい」と述べました。

台湾の検察官は、有罪判決を獲得することよりも、「準司法官」としての客観義務(客観的な立場で真実を解明する義務)が重要であり、「人権の守護者」であることに誇りを持っています。つまり、有罪となった人に冤罪の可能性があれば、積極的にその人を救済するのも検察官の役割だと考えているのです。現に江総長は、検察官として初めて死刑囚のために自ら再審請求を行い、その死刑囚の再審無罪を導きました。

また、台湾の検察庁には、アメリカと同様に[Column→201頁]、庁内に有罪判決を検証する審査会が設置されています(最高検に設置されている「争いのある死刑事件審査会」、高検に設置されている「有罪確定事件争議審査会」)。

検察官自らが冤罪の存在を認め、その救済に取り組んでいるわけですから、再審をめぐる法改正についても肯定的であり、このことも迅速な法改正の一因となっているといえるでしょう。

⑸　憲法から考える姿勢――冤罪被害者の権利保障の視点

台湾では、個々の裁判の判決理由の中に憲法の解釈が盛り込まれることが多いと聞きます。憲法解釈によって法改正を促すこともあります。かつては刑事裁判において、被告人本人が訴訟記録や証拠にアクセスすることに制限がありましたが、そのような状態は憲法の保障する裁判を受ける権利や適正手続の要請を充たしていない、との憲法解釈が示されたことで法改正が実現し、被告人の「記録情報獲得権」が保障されるに至りました。そして2019年の再審法改正によって、再審請求人にも記録情報獲得権の保障が及ぶこととなり、日本ではいまだ実現していない再審請求段階での証拠開示が、再審請求人の権利として保障されたのです。

日本でも、再審の条文や実務の運用を「憲法の光に照らして」改革することが求められていると思います。現行刑訴法の再審の規定は、そのほとんどが日本国憲法制定前の旧刑訴法がそのまま残っているわけですから、なおさら、今の憲法に照らして検討されるべきです。

3　韓国の「ここに注目」

⑴　特別法での対応

韓国では、日本と同様、刑訴法の再審に関する規定の改正はいまだ実現していません。しかも、日本の現行刑訴法435条６号（「無罪を言い渡すべき明らかな証拠をあらたに発見したとき」）とほぼ同じ規定である韓国刑訴法420条５項による再審の審理では、新証拠について、「確定判決の正当性が疑われる水準を超え、確定判決をそのまま維持できないほど高度の蓋然性」が認められるほどの証明力を要求し、かつ、明白性の判断方法についても、新旧全証拠の総合評価ではなく、「確定判決が事実認定の基礎とした証拠などのうち、新証拠と有機的・密接に関連・矛盾するもののみを再評価する」という手法が採られています。このため、韓国では刑訴法に基づく再審が認められるハードルは日本以上に高いと言えます。

しかし、韓国では、軍事独裁体制下での民主化弾圧の時代に発生した冤罪については、特別法を作って再審のハードルを下げ、柔軟かつ迅速に救済していることに注目すべきです。

日本でも戦後まもないGHQの占領時、憲法の保障する適正手続が及ばない状況のもとで死刑判決が言い渡され、確定した事件について、再審開始要件を緩和するという内容の特例法案が、1968年、社会党の神近市子衆議院議員らによって国会に提出されたことがありました(「死刑の確定判決を受けた者に対する再審の臨時特例に関する法律」)。しかし、この法案は廃案となり、再審特例法の制定はなりませんでした。しかし、これを契機として、占領下で起訴され死刑判決が言い渡された６事件７人の死刑囚について、法務大臣が恩赦を検討することを表明、結果的に７人のうち３人が恩赦により無期懲役に減刑されました(残る４名のうち２名が、のちに再審無罪となった免田事件の免田栄さんと財田川事件の谷口繁義さんです)。

今後日本が再審法の改正を進めるにあたり、法務省が消極的な姿勢に終始している現状を踏まえると、韓国のように議員立法によって特例法を制定するところから突破口を見出すという方策も、検討すべき選択肢の一つになるかもしれません。

⑵　憲法裁判所による再審の存在

韓国には憲法裁判所による再審が存在することにも注目すべきです。日本では、韓国と異なり、通常の司法裁判所が違憲審査権も有しているため、憲法裁判所という組織は存在しません。

しかし、憲法違反と判断された法律に基づいて有罪となった人が通常の再審手続を経ずに迅速に救済されるべきであることは、憲法が個人の人権尊重を究極の価値に置く以上当然のことです。日本でも、日本国憲法に照らせば明らかに違憲である治安維持法下で有罪とされた元被告人たちのために、戦後になって再審請求が行われた横浜事件があります。横浜事件では、通常の再審手続による再審請求が行われ、第三次再審でようやく再審開始が認められましたが、著しい憲法違反そのものを再審開始理由とする新しい再審の類型を設けることが検討されるべきです。

⑶ 外部の第三者機関による事後検証と検察内部の改革

そして何と言っても、韓国の動きで特筆すべきポイントは、歴代の政権下で「過去事清算」のために組織された、疑問死真相究明委員会、真実・和解のための過去事整理委員会(第一次・第二次)といった外部の第三者機関による事後検証が再審への道を開き、さらに近年では検察過去事委員会とその下部組織である大検察庁真相調査団によって検察官の活動にも検証のメスが入り、これが検察自身の内部改革につながったことです。

また、韓国には三権から独立した人権救済機関である国家人権救済委員会があります。大検察庁真相調査団が再審開始決定に対する検察官の抗告を問題視したのとほぼ同時期に、国家人権救済委員会からも検察官抗告を改善するよう勧告が出されたことで、検察庁内に再審開始決定に対する抗告を慎重に行うことなどを盛り込んだマニュアルが策定されるに至りました。

組織の自浄作用に期待するだけではなかなか改革が進まないというのは、おそらく万国に共通でしょう。だからこそ外部の第三者機関によるさなざなな角度からの検証が重要なのです。日本でも、ある事件が再審無罪となったとき、「無罪になって良かった」で終わるのではなく、その事件の誤判冤罪原因や雪冤に至るプロセスについて徹底検証することが、制度改革のみならず検察の意識改革にも資するのではないでしょうか。

(4) 世論に直結するエンタメ

最後に、韓国では冤罪事件が頻繁にドラマ化、映画化され、これが一般市民にとって冤罪や再審の問題を身近に感じられる土台作りとなっていることも見逃せません。

日本でも、ここ最近、弁護士が主人公となったり、刑事裁判が描かれたりするドラマは増えてきています。しかし、冤罪の描かれ方は、ごく一部の例外を除き、まだまだ「真犯人が登場して瞬時に一件落着」というようなものが多数であるように思います。

実際の再審の難しさ、費やされる膨大な年月の中での当事者や家族の懊悩などを、リアリティをもって描きつつ、同時に上質なエンターテインメントとして市民の目を釘付けにするような作品が、日本でも数多くリリースされることを期待したいものです。

4 変わる台湾・韓国と、変わらぬ日本との違い

ここまで、再審をめぐる制度改革や運用の改善について、台湾と韓国の「いま」を紹介してきました。台湾・韓国のダイナミズムが、これらの国の「刑訴法のルーツ」であり、かつては学ぶべき手本であったはずの日本を肩越しに追い抜いて行っていることは、もはや誰の目にも明らかだと思います。

だからと言って、日本は今後台湾や韓国を真似したり追従したりしな

ければならない、という話ではまったくありません。もとより、それぞれの国の歴史的事情や国際社会における地位、国民性といったさまざまな背景を抜きにして、各国の法制度をただ比較するだけでは、適切な示唆を得られるはずもないでしょう。

台湾の刑事司法改革には、中国(中華人民共和国)との関係で、国際社会における微妙な立場にあることが影響しています。台湾が国際社会で国家として認知されるためには、中国よりはるかに民主化が進んでいることをアピールする必要があり、それゆえ官民挙げての制度改革に取り組む姿勢がうかがえます。そのような事情の存在しない日本で、国家の側に制度改革のモチベーションをどのように持たせるのかは、なかなか難しい問題です。韓国も軍事政権から民主化に移行する過程で、先進国の仲間入りをするために、「上からの民主化」を強力に推し進めた側面があります。時の政権によって政策が極端に変更され、改革の実現が政情に大きく影響される点も否めません。

しかし、台湾や韓国に上記のような背景が存在したとしても、実現した制度や運用の改革が評価されるべきことは当然であり、他方そのような背景がないからと言って、日本が変わらずにいることが正当化されるわけでもありません。

では、冤罪の教訓から制度や運用の改革が実現した台湾や韓国と、いっこうに法制度の改革に到達しない日本との根本的な違いは、どこにあるのでしょうか。ずばり一言で言えば、「国民の権力に対する不断の監視」という姿勢の有無だと考えます。

台湾では日本による統治時代と、その後の蔣介石らによる戒厳令時代に、適正な刑事裁判によらずに国民が弾圧されたり不当に処刑されたりした歴史がありました。韓国も、1987年まで続いた軍事独裁政治のもと、刑事手続が反体制派や民主化運動家の弾圧の道具として濫用された暗黒の時代がありました。これらを経験した市民は、国家権力、とりわけ警察と、それをコントロールできなかった司法に対する不信感を根強く持ち続けています。制度改革は、そのような「国民の権力に対する不断の監視」のもと、声を上げ、デモ行進を行い、訴え続けている国民の存在を畏れた国家が、司法が、警察・検察が、国民の信頼を勝ちとるために推し進めてきたのです。

日本はどうでしょうか。日本にも、戦前の治安維持法のもと、言論弾圧と政治犯処罰の歴史があります。戦後になっても、警察が過酷な取調べにより、無実の人から虚偽自白を搾り取り、検察が無罪方向の証拠を隠しつつ有罪を主張し、裁判所もこれを見抜けず作り出された冤罪の歴史が、現在にいたるまで連綿と続いています。袴田事件では、警察が証拠をねつ造したことで、無実の尊い命が奪われかねなかった現実が、我々に突き付けられました。

それでもなお、大部分の日本人は、警察、検察、裁判所に漠然とした信頼感を寄せてはいないでしょうか。「なぜそんなに信用できるのか」と問われても明確な答えがあるわけではない、根拠のない漠然とした信頼感。それが刑事司法への無関心をもたらし、その無関心が立法者をして「再審法改正など捨ておいても、誰も文句は言わないだろう」と、70年以上にもわたって慢心させてしまっていることに、そろそろ私たちは気づく必要があります。

私たちが台湾や韓国から学ぶべきことは、国民一人ひとりが、国家権力によって無実の罪に陥れられる冤罪というものの実態を知り、その危険が誰にでも降りかかる可能性があることを自覚した上で、冤罪被害を救済するための再審法改正の必要性に向けて声を上げ続けることではないでしょうか。

参考文献

■台湾

●蔡秀卿＝王泰升編『台湾法入門』（法律文化社、2016年）

●江惠民ほか「検察官はどのように冤罪に向き合うのか――台湾の検察総長・江惠民氏に聴く」季刊刑事弁護103号（2020年）64～74頁

●鴨志田祐美「解題・検察トップと冤罪について語り合う喜び」季刊刑事弁護103号（2020年）75～78頁

●謝煜偉＝劉家丞「台湾刑事再審新制度４周年の回顧と展望――裁判例の軌跡」早稲田大学法務研究論争５号（2020年）113～130頁

●李怡修「諸外国の再審法制　第７　台湾」日本弁護士連合会人権擁護委員会編『21世紀の再審――えん罪被害者の速やかな救済のために』（日本評論社、2021年）350～361頁

■韓国

●安部祥太「刑事再審の比較法研究――大韓民国」九州再審弁護団連絡会出版委員会編『緊急提言！　刑事再審法改正と国会の責任』（日本評論社、2017年）136～156頁

●安部祥太「韓国における検察改革と再審事件の検証――再審開始決定に対する検察官抗告への疑問」法学セミナー775号（2019年）７～10頁

●安部祥太「再審開始決定に対する検察官抗告に関する予備的検討――韓国国家人権委員会による検察官抗告の改善勧告を契機として」青山法学論集61巻２号（2019年）53～95頁

●安部祥太「〈過去事清算〉とは何か」尹龍澤ほか編『コリアの法と社会』（日本評論社、2020年）53～54頁

●安部祥太「韓国における検察官の誤判・冤罪に対する姿勢」季刊刑事弁護103号（2020年）79～82頁

●安部祥太「諸外国の再審法制　第６　韓国」日本弁護士連合会人権擁護委員会編『21世紀の再審――えん罪被害者の速やかな救済のために』（日本評論社、2021年）337～349頁

Column

アメリカにおける誤判救済制度

笹倉香奈（ささくら・かな）［甲南大学教授］

1980年代までのアメリカでは、司法界や学界においても、さらには社会一般においても、冤罪への認識が低い状況にありました。なぜならば「自分たちの国には冤罪がない」との信念がまん延していたからです。

しかし、状況は1990年代以降の30年間に大きく変化しました。

1980年代に初めての民間の冤罪救済団体であるセンチュリオン・ミニストリーズが設立されました。その後1990年代初めにはDNA鑑定を用いて冤罪を晴らすイノセンス・プロジェクト（以下、IPといいます）が、あるロースクールの中に立ち上がりました。科学の力を用いて、弁護士らがロースクールの学生たちとともに冤罪を訴える事件を弁護するという、IPをモデルとした冤罪救済の取組みは全米に広がっていきました。そして、多くの冤罪事件が「発見」され、冤罪に対する社会の認識は一変したのです。

2023年１月までに、IPや、同様のコンセプトで設立された諸団体（以下、イノセンス団体といいます）などによってDNA鑑定で雪冤された事件は375件（うち21件が死刑事件）、その他の手段も含めると3,300件以上に上ります。多数の事件が冤罪を晴らされただけでなく、これらの事件を研究者と協力しながら分析することで、目撃者の犯人識別供述、科学的証拠、虚偽の自白などが冤罪の原因になっていることも明らかになりました。

そして、2000年代には、このような検証結果をもとに、各地で冤罪原因をなくすための制度改革が進んだのです。

さらに、公的機関も動き出しました。2000年代にはいくつかの州で「イノセンス委員会（Innocence Commission）」と呼ばれる委員会が設立されました（イリノイ州、カリフォルニア州、テキサス州など）。誤判の是正をするためのもの、制度改革を目指すもの、刑事司法制度自体を改革するものなど各州で委員会の役割や目的はさまざまでしたが、ほとんどのものが数年で終了する一時的なもので、委員会の最終報告書や提言が実現されないままの州もあります。これに対してノース・カロライナ州では個別事件の救済を行う冤罪究明委員会(North Carolina Innocence Inquiry Commission)が2006年に設立され、今なお活動を続けており、これまでに15件を雪冤しています。

さらに2010年代には、各地の検察庁が冤罪を究明するための部門を設けるという動きが活発化しました。有罪判決の完全性・廉潔性を確保するための部門(Conviction Integrity Unit, CIU)などと呼ばれる組織です。冤罪を訴える事件を検察庁自ら日常的に受け付けて調査し、雪冤に向けての活動(有罪判決の取消し請求や人身保護請求の申立て)をイノセンス団体と協力して行うとともに、検察庁の組織や制度の改革を提言しています。

この背景には、イノセンス運動によって検察官の非違行為が主要な冤罪原因のひとつであることが判明し、社会の関心が高まったという事情があります。いまや、検察自ら積極的に冤罪に取り組み始めているのです。2021年には93のCIUが全米にあり、年間で97件の雪冤に関与しました。実に、全米の2021年の雪冤の60%に関与したのです。このうち、イノセンス団体とCIUが協働し、雪冤を勝ち取るという事例が31件もありました。州全体をカバーするCIUを置くというところも出てきています。

アメリカでは冤罪事件の発見を契機に、冤罪に対する司法や社会が大きく変化しつつあります。まさに「イノセンス革命」が起こっているのです。

なお、アメリカには、いわゆる「再審」制度がありません。そこで、冤罪を訴える事件では再度の審理を求めるという請求を行ったり、民事上の制度である人身保護請求を用いたりするしかありません。このような制度上の限界はあるものの、冤罪救済のためのさまざまな取組みが生まれ、広がっていることは注目すべき動きです。

Column

ドイツにおける誤判救済制度

斎藤 司(さいとう・つかさ)［龍谷大学教授］

ドイツは、誤判救済制度として日本と同様に再審を採用しています。ただ、この表現には誤りがあります。日本がドイツを参考にしているからです。

日本は、大正刑訴法(1922年)を作る際に、ドイツ法を多くの部分で参考にしました。その代表例が再審です。その後、日本の刑訴法(昭和刑訴法)は、日本国憲法のもと、アメリカ法を多く取り入れた大改正を受けました。もっとも、再審は、不利益再審(無罪となった人を有罪にするための再審)の廃止以外はほとんど改正されませんでした。また、韓国や台湾も、大正刑訴法やドイツ法などをモデルにした刑訴法をベースにしています。日本・韓国・台湾は、誤判救済制度としてドイツ流の再審を採用しているのです。

ドイツ流再審の特徴は、主に以下の３点です。①再審請求について裁判所が審査すること、②審査手続で再審請求が認められた場合に、裁判のやり直し(再審公判)が行われること、③再審が認められる場合は、(ア)証拠が偽造であったことが判明した場合や有罪判決の関与者等が当該事件について職務犯罪を行ったことが証明された場合と(イ)新証拠により判決の誤りが判明した場合とされていることです。

このように共通の特徴はありますが、その国の文化や社会状況などの影響を受けて、同じような条文・制度でも運用が異なります。たとえば、日本では再審開始すべき場合を定める435条６号「無罪を言い渡すべき明らかな証拠が発見されたとき」は、「元被告人の有罪について合理的疑いが生じたとき」と理解される傾向にあります。他方で、ドイツは「確定判決が無罪方向に変更される蓋然性が50％を超えるとき」とされ、ドイツの方が再審開始決定の出やすい傾向にあるようです。

また、再審関連の条文について、日本が昭和刑訴法制定後、一切改正していないのに対し、ドイツは何度も改正しています。１つ目の重要な改正は、裁判所が再審開始決定を出した場合に、再審開始決定に対する検察官の不服申立てが廃止されたことです(1964年改正)。その理由としては、通常の刑事裁判と違い、再審請求の際に証拠を調べる手続が簡単にされているのは、とりあえず再審請求に理由があるかどうかを判断するためであるといった意見などが挙げられています。刑事裁判のやり直しをするかどうかのとりあえずの迅速な審査をしているのに、その審査が間違っているかどうかにこだわるのは、あまり意味のないことが理由とされているのです。

２つ目の改正が、有罪とされた元被告人が再審請求を行う場合に、国の費用で弁護人を選任できるようになったことです(1974年改正)。特に、一定の条件付きですが、再審請求の準備段階でも弁護人を選任できることが注目されます。

これらの改正に加え、ドイツでは、通常の手続で被告人側がアクセスできなかった記録に元被告人はアクセスできます。通常の裁判の段階ではアクセスを否定していた理由が、再審の段階ではあてはまらないことなどが理由とされています。

外国の制度や運用を参考にする場合、その背景を考慮する必要があります。たとえば、ドイツでは特に重大事件について判決の事実認定の誤りを理由とする不服申立はできません。そうすると、事実認定の誤りについて救済を受けるチャンスが少ないから、再審を幅広く利用しようという運用になる可能性があります。また、不利益再審が残っていることも無視できません(2022年には不利益再審を認める理由を拡大する改正も実現しています)。ただし、ドイツで上述のように、被告人を冤罪から救済するための手続を改善しようと努力が重ねられてきたことは事実です。その積み重ねから学ぶべき点は多くあるといえます。

巻末付録

本書をより立体的に理解いただくために、以下の資料をご覧ください。

○冤罪被害体験を語る（徳島弁護士会「大崎事件と再審法改正」トークセッション）
○日本弁護士連合会「刑事再審に関する刑事訴訟法等改正意見書」要約版（2023年）
○台湾刑訴法の再審関連改正条文と日本の現行規定
○本書で取り上げた重要事件一覧表

冤罪被害体験を語る

2022年10月29日、徳島市内で再審法改正をテーマとするイベント「大崎事件と再審法改正」が開催されました（徳島弁護士会主催、日弁連などの共催）。前半は本書の編著者の一人である鴨志田祐美による講演、後半は冤罪被害者本人を交えたトークセッションで、東住吉事件、湖東事件でそれぞれ再審無罪となった青木惠子さんと西山美香さんに、それぞれの冤罪被害体験を語っていただきました。過酷な取調べで自白に陥った経緯や、再審が認められるまでの紆余曲折、そして冤罪と闘う二人の「絆」とは……。当事者にしか語れない「冤罪のリアル」に、耳を傾けてください。

パネリスト

青木惠子（あおき・けいこ／東住吉事件冤罪被害者）

西山美香（にしやま・みか／湖東事件冤罪被害者）

鴨志田祐美（かもしだ・ゆみ／京都弁護士会）

司会

永本能子（ながもと・よしこ／徳島弁護士会）

冤罪ができあがるまで

永本　徳島弁護士会の永本です。本日は京都弁護士会の鴨志田祐美弁護士、東住吉事件の冤罪被害者である青木惠子さん、湖東事件の冤罪被害者である西山美香さんに徳島までお越しいただきました。冤罪が生まれる背景には、やってもいないのに「やりました」と言わされてしまう虚偽自白の存在があります。実際にどのような取調べを受けたのか、体験をお聞かせいただきたいと思います。まず青木さんからお願いします。

青木　私の場合、初めは任意同行でした。当時の私は任意同行という言葉の意味も知らずに、火災の原因が判明したので警察が来てくれたと思っていたのですが、警察官に「Ａさん（当時の同居男性）に手錠をしないだけでもありがたく思え」と大声で言われました。何かおかしいなと思いながらも、警察の車に乗って東住吉警察署に行き、取調べ室に入ると刑事は「Ａさんと共謀して娘を殺しただろう」と初めから犯人扱いでした。いくら「やっていません」と言っても、まったく聞いてもらえません。密室である取調べ室での刑事との「やった」「やっていない」という言葉のやり取りの中で、刑事から「お前の息子が、『Ａが火をつけたところを見た』と言っている」ということを聞かされました。私は息子にそういうことを尋ねることができない状況ですから、刑事の言葉がいかにも本当のように聞こえてきたわけですね。

そういうやりとりがずっと続いて、午後から夕方にかけて時間の感覚もわからなくなってきたときに、あまり言いたくはありませんが、Ａさんが娘に性的虐待をしていたということを刑事の口から聞かされました。その言葉を聞いて、私は、火事で娘を助けられなかっただけではなく、娘に地獄の日々を強いてしまっていたのか、といろいろと想像してしまいました。嘘であってほしいと思いつつも、刑事に「本当のことや」と言われて、放火殺人の犯人なんてどうでもよくて、ただただ娘に申しわけないという気持ちで一杯になりました。「本当に死にたい」「もうどうでもいい」という思いに至ってしまいました。取調べ室に連れて行かれたその日に１回目の自白をしてしまいました。

その後、弁護士さんが来て「やっていないことは認めたらダメ」と言われ、わけのわからないまま黙秘をすることになりました。すると今度は刑事に、「無実だと言うのなら無実の調書を作ってやる」「無実とはどういうことか言え」「無実だと言うのだったら、どうして娘を助けなかったんだ？」「助けられなかったということは殺したことと同じだぞ」と言われました。当時の私は娘を亡くして精神状態がおかしかったこともあり、「私が殺したことになるのか……」と妙に納得してしまいました。「認めたら取調べ室からすぐにでも出してやる」と刑事に言われて、私は留置所に帰って自殺するつもりで、刑事に言われるまま自供書を書かされました。

永本　ありがとうございます。西山さんはいかがでしたか。

西山　入院患者さんが亡くなられたのを発見したときに、看護師さんから「アラームは鳴っていなかったよね？」と聞かれました。鳴っていなかったので、人工呼吸器のトラブルだろうと入院患者さんのご家族にお伝えしたところ、納得されず、ご家族は警察を呼びました。取調べでは、「アラームが鳴っていただろう」と強く言われましたが、私は「鳴っていない」と言い続けました。「なめとったらあかんぞ」「アラームは絶対に鳴っていたはずや」と責め続けられ、とても怖い思いをしました。取調べ室の机に亡くなられた当時の患者さんの写真を並べられて、「これを見てもアラームが鳴っていなかったと言えるか」と言われたり、椅子を蹴られたり、威圧的な態度を取られたりしました。後から、私には軽度の知的障害とADHDという発達障害があることがわかったのですが、その関係で私は取調べ室でじっとしていられなくなり、歩き回ったりするといったように落ち着きがなくなってしまいました。

初めは怖かったのですが、取調べの警察官がだんだん身の上話を聞いてくれるようになりました。事件とは関係のない些細な私事もとても真剣に聞いてくれて、それで取調べの警察官のことをいい人だなと勘違いするようになり、優しくしてくれるその刑事のことを好きになってしまったのです。そして、その刑事が求めているストーリーどおりに供述するようになってしまいました。

永本　虚偽自白を取られたという取調べの実態がある中で、なぜ裁判所は冤罪を阻止できなかったのかという問題があります。裁判ではどういうことがあったのかを教えていただけないでしょうか。

青木　私は一審で検察官から無期懲役を求刑されたのですが、裁判所は正しい判断をしてくれるものだと信じていました。なので、一審の判決が無期懲役と言われて、びっくりして、「これが日本の裁判なのか」と絶望しました。それでもちろん控訴したのですが、法廷で自分の意見を言えるのは控訴審までだと教えてもらいました。私は、控訴審で絶対に無罪になるという意味で、自分の意見書を書き、一生懸命、自分の言葉で自身が潔白であることを訴えました。私の事件は、Aさんがパンツ一枚の姿で、ガソリンをまいてターボライターで火をつけたことになっていますから、被告人質問では裁判長に「再現実験をやってほしい」「火をつける役は私自身がやります」「私が重体になるか死んだら、裁判長は私の無実を信じてくれますか」と訴えました。しかし、裁判所は再現実験をやってくれませんでした。判決はもちろん控訴棄却でした。「判決が悪かったら私は退廷するから弁護団も一緒に退廷しましょう」と言いましたけど、弁護団からは、「駄目だった場合は上告審があるから、自分たちは判決を最後まで聞くから、青木さんは言いたいことを言って、退廷するなら退廷していいよ」と言われました。そして、控訴棄却と言われたときには「あなたたちに何がわかるんですか」「天国にいる娘のこと、そして社会にいる息子の人生はどうなるんですか」と言いたいことだけ言って退廷しました。それがその判決に対する私なりの抗議でした。上告については正直諦めていましたが、『ザ・スクープスペシャル』という番組が協力してくださり、再現実験も一緒にやってくださいました（第15回「ママは犯人じゃない——火災実験が語る“放火殺人”の真相〔2006

年５月14日放送〕)。もしかしたら今度こそ差し戻し、または上告審で無罪になるのでは、という思いでしたが、裁判所はその実験を見ているくせに見ていないふりをしたのか、上告も棄却されてしまい、無期懲役が確定し和歌山刑務所へ行くことになりました。

永本　ありがとうございます。それでは次は西山さんにお話しいただきます。先ほど取調べ室で自白をさせられた経緯をお話しいただきましたが、法廷ではうまく自分の言い分を主張できなかったと聞いています。どういったご事情があったのでしょうか。

西山　私の場合は、取調べの刑事に好意を抱くようになり自白したわけですけど、接見禁止が取れて両親や友人と話し合い、「自分がやっていないということをきちんと主張するべきだ」と思うようになっていたのですが、初公判の３日前にその刑事が取調べということで拘置所に会いに来ました。「初公判どうするんや？」と言われたので、「否認します」と言ったら、「そんなん否認したらとんでもないことになってしまう」「検事宛てに手紙を書いたほうがいい」と言われました。私は精神的に不安定になってしまい、「検事さん、私は初公判で否認しますが、それは私の本当の気持ちではありません。どうか私は強い気持ちを持つので、私のことを見守ってください」という内容の手紙を書かされました。１回目は認否を保留することになりました。

次の期日ではきちんと否認しました。「チューブを外しました」という私の発言に対して、「なぜチューブを外して殺したのですか？」とか裁判官に尋ねられたので、「チューブを外したとは言ったけど、殺したとは言っていない」と説明したのですけど、「意味がわからない」と言われて、裁判官も私の意見を聞いてくれることはありませんでした。刑事を好きになってしまったことでそのときの弁護士さんと信頼関係を築くことができずに、チューブを外したことに対して説明ができませんでした。あとは入院患者さんを亡くしてしまったという責任感の中で、自分がやっていないことを裁判で上手に伝えることができませんでした。

証拠は誰の物か?

永本　ありがとうございます。鴨志田弁護士にお聞きしたいのですが、なぜ裁判所は冤罪が見抜けないのでしょうか。

鴨志田　刑事裁判が自白に依存しているということが挙げられます。自白は危険な証拠だから、自白だけで有罪にしてはいけないということは、憲法でも保障されているルールです。でも、本人の自白があった場合、仮にその自白と矛盾する客観的な証拠があったとしても、その客観的な証拠の解釈を曲げてまで自白を信用しようとする傾向が、過去の冤罪事件にはあります。自白を除いた客観的な証拠で有罪と認められるかどうかを見てから判断しろと教育されているはずなのですけれども。

それと、冤罪事件では、取調べ段階で自白しても、法廷では否認に転じるというケースが多いのですが、法廷でみんなが見ている前でもまだ自白を維持している場合、「これは間違いない」と決めつけてしまう傾向が、日本の裁判ではまだまだ根強いのではないでしょうか。

永本　自白偏重の刑事裁判という問題点があるというお話ですが、客観的証拠すら十分に開示されないという現状もあると思います。青木さんと西山さんにお伺いしたいのですが、冤罪被害の中で、最初の裁判では証拠が十分に開示されていなかったということがあると思いますか？

青木　刑事の取調べがどれだけひどかったかということを被告人質問で裁判所に訴えましたけど、「警察がそんなことするわけがない」という感じで裁判所にあしらわれました。刑事は、何月何日、何時から何時までどのような取調べをしたかを記した取調べ日誌を書きます。通常審のときから弁護士さんが取調べ日誌を出すように求めましたが、まったく出してもらえませんでした。再審になってやっと出してきたわけですが、その中には、大声で怒鳴ったとか、私は心身ともに調子が悪く、老人のようにヨタヨタと歩いていた、そんな私を支えて取調べ室に連れて行った、といったことが書かれていました。警察は、取調べ日誌が裁判の中で明らかになるなんて思ってなかったのでしょうね。だから、取調べ日誌が明らかになったことによって、私が言っていたことが初めて本当のことと認められました。

永本　ありがとうございます。次に西山さんにお聞きしたいのですが、西山さんの事件では、再審公判になって初めて出てきた捜査段階の記録があったと聞いています。そのことについてお話しください。

西山　どんな調書をどれだけ作られたかということはだいたい覚えていたので、弁護士さんにお話をしました。そして、私の話を聞いた弁護士さんは「もっと調書がある」と言って証拠開示請求をしてくれました。しかし、再審請求の中で証拠開示請求をしても裁判所は出しませんでしたし、私は最初のうちは、まさか警察官も証拠を隠すことはしないだろうと思っていました。証拠は警察や検察、裁判所の物ではないはずです。証拠は国民の税金で集めたものであって、彼らはそれをただ保管しているだけですよね。自分たちが間違っていないのであれば、証拠をすべて出せるはずですよね。にもかかわらず、証拠を出さないということは、何か自分たちに落ち度があると感じているんじゃないかなとか、思ってしまいます。私は再審公判で、警察が検察にも送っていなかった証拠が初めて出てくるとは思っていませんでしたので、びっくりしたと同時に、なんて好き勝手なことをしているのだと思い、あきれて物が言えない感じでした。

永本　証拠も開示せずに、これは誰のための、何のための裁判なんだという疑問があると思うのですが、鴨志田弁護士からこの件についてのお話をお願いします。

鴨志田　今、西山さんが言ってくれた「証拠は誰の物か」というお話は本当に重要なことです。証拠は、私たちの税金を投入して集められた公共財、つまり、国民全員の物なのです。カナダでは1990年代に、証拠は検察官のものではなく公共財であるということを最高裁が判決の中で示しています。しかし、日本では裁判所が開示勧告をして、検察官がこれに応じたときに初めて、捜査機関の手の内に隠されていた証拠が日の目を見るのです。もっとも、裁判所が勧告をしても、証拠開示命令を出しても、検察官がそれに従わなかったという例もあります。裁判所の証拠開示勧告や命令に検察官が従わなかったときに、何のペナルティーもないからです。裁判は直感や思い込みではなく、証拠によって判断しなければならないというのが刑事裁判の大原則です。にもかかわらず、裁判所はすべての証拠を見ずに判断をしているのです。ちゃんと判断しているだろうと思っている人が多いと思うのですが、通常の裁判では、まず、検察官が有罪方向の証拠をよりすぐって、法廷に提出します。無実を晴らせる最後のチャンスである再審で、まだすべての証拠を見ない状態で裁判官が判断してしまうことが、どれほど恐ろしいのかということを考えていただきたいと思います。

何のために検察は抗告するのか?

永本　それでは次に、再審開始決定がされても、検察官に抗告をされて阻まれてしまうという問題について考えていきます。まずは青木さんと西山さんそれぞれにお伺いしたいのですが、ご自身の事件で開始決定をされ、検察官に抗告をされたことについてエピソードがいろいろあると思います。そのお話をお聞かせいただけますか。

青木　私は、大阪地裁で再審開始決定が言い渡されました。そして、「再審開始決定が出たのになんで獄中にいないといけないのか」と思い、弁護士さんに刑の執行停止を申し立ててもらいました。すると、厳しい条件はつきましたが、大阪地裁の裁判長が刑の執行停止を認めてくれました。その後、釈放の扱いになって、すべての荷物を片付けて、テレビもなくラジオだけの１人部屋の個室で過ごしていました。そして、弁護士さんが迎えに来てくれて、あと10分で私は釈放されるというときになって、刑務所の職員が走ってきて、私に「あなたを釈放できなくなりました」「詳しいことは弁護士さんに聞いてください」と言われて、私服に着替えていたのに、また刑務所の服に着替えさせられて面会室に行きました。そして３人の弁護士さんが来てくださったのですが、「取り消されたから、外に出られなくなった……」と伝えられたのです。「あと何年我慢したら、私は外に出られますか？」と弁護士さんに聞いたら、「１年半」と答えてくれました。でも、釈放までに結局３年半かかりました。こんなことなら、いっそのこと大阪地裁が刑の執行停止を認めてくれなければ、刑務所生活を心穏やかに過ごすことができたのにとさえ思いましたし、即時抗告審を担当する裁判長が、刑の執行を取り消したということは、この人は私の再審開始決定も取り消すのかもしれないという不安と恐怖を感じました。

永本　ありがとうございます。西山さんの場合はいかがでしたか。

西山　私は、無期懲役ではなく懲役12年で、満期で出たのですけど、刑務所から出たあとも犯人というレッテルが貼られたままで社会の目も厳しく、辛い思いをしていました。そんな中、2017年12月13日に弁護団長の弁護士さんから電話がかかってきて、大阪高裁が再審開始の可否について判断するということを教えてくださいました。やっと裁判所が動いてくれたのかと思ったのですけど、どうせ駄目だろうなと思っていました。ところが、12月20日に再審開始決定が出たのですよね。弁護士や支援者の皆さんが喜んでくださいました。それを見て、私は「再審開始決定、出たんや」と実感して嬉しくなって、その場で泣き崩れてしまいました。ただ、抗告されるかもしれないということについては、弁護士さんから聞いて、ある程度の覚悟はできていました。その後、抗告期限の日はクリスマスだったので、近くのショッピングセンターでウィンドウショッピングを楽しんでいました。すると、父から電話かかってきて「はよ帰ってこなあかんやろ。マスコミの人が大勢来てるよ」と言われて、何のことかなと思ったら、「特別抗告された」と伝えられました。私は、そのときは「あっそう」という感じで意外と飄々としていました。父は怒っていましたけど、私は特別抗告されても、最高裁でまた闘うだけだと思っていました。ただ、このことが原因で、家族が割れて不仲になってしまった時期もありました。家族のことを考えると抗告はしないでほしかったなと思います。

永本　実体験に基づいたお話を聞くと、どうして検察が抗告をすることができるんだろう、とあらためて考えてしまいました。

鴨志田　青木さんは、刑の執行停止が認められて、いよいよ刑務所を出られる、というときに、刑の執行停止が取り消されて出られなくなった、そのときの絶望は想像を絶するものがあります。弁護士も辛かったことでしょう。「あと何年かかる？」と聞かれたときに、間違いなく１年半とは思っていなかったと思います。でも、「あと何年かかるかわからない」と言ったら、青木さんがますます絶望してしまうだろうと思って苦し紛れに「１年半」と言ったのだと思います。再審開始決定という喜びから、抗告されたことでいつまでかかるかわからないという、喜びから悲しみへの揺さぶられ方は経験した者でないとわからないと思います。西山さんについても、何の問題も落ち度もないのに、抗告をされたということで家族に責められ、再審無罪までに、さらに多くの時間がかかってしまいました。

失われた時間の長短はそれぞれありますが、奪われた人生の、その時期、その時間はもう二度と返ってきません。抗告をするということは二度と戻ってはこない時間を奪うということであって、それだけの覚悟を持って検察は抗告をしているのか、はなはだ疑問です。単に自分たちのメンツのために、何がなんでも有罪にすべきだということで、抗告しているのではないかと思ってしまいます。検察が自制できない、体質を変えられないのであれば、法律で検察官による抗告を禁止するしかないと強く思っているところです。

冤罪被害者同士の絆

永本　何回も絶望の淵に立たされながらも、真っ白な再審無罪を勝ち取って、こうやってお話を聞かせていただけること、本当にありがたいと思います。青木さんと西山さんも、お互いこれまで支え合って活動もされてきたと思います。青木さんと西山さんは、どのようにしてお知り合いになったのでしょうか。

青木　私は、西山さんと同じ和歌山刑務所で服役していて、さらに工場まで一緒でした。二人で並んで流れ作業をするのですけど、西山さんがスポンジにゴミがついているかをチェックして、あれば取って袋に入れて、私が包装していました。私も、西山さんが再審請求をしていると、人づてに聞いていたのですけども、なかなか喋る機会はありませんでした。そんなときに再現実験が成功して大阪地裁で再審開始決定が出るかもしれない、という新聞記事を読んだ西山さんが、自由にお喋りができる自由運動のときに、私の所まで走ってきてくれて、「よかったですね、青木さん」「再現実験うまくいきましたね。出れますね。勝てますね」と言ってくれました。それが初めて彼女と自由にお喋りをしたときになります。私が、高裁で即時抗告に勝って、ようやく刑の執行停止が認められて社会に出ることになったのですが、そのときに西山さんはまだ刑務所に入っていました。そこで、クリスマスやお正月にお手紙を送りましたし、彼女が出所したときもお迎えに行かせてもらいました。彼女は、亡くなった私の娘と四つ位しか年齢が変わらないのですね。だから彼女と遊びに行っても、娘と遊びに行っているような感じです。

闘っている仲間を一人でも多く救えるように、これからも西山さんと力を合わせて、二人で活動していきたいと思います。

西山　私は、大阪拘置所にいたときに、青木さんの存在を知りました。なので、和歌山刑務所で青木さんが一緒の工場にいると知って、そして一緒に作業をすることになって、驚きました。私は作業が苦手で袋にスポンジを入れるのに手間取ってしまって、すぐ積み重なってしまっていました。なので、「ごめんね」と青木さんに言ったら、「別にいいよ。ゆっくりしたらいいんやから」と言って励ましてくれました。青木さんからの手紙にも本当に励まされました。お返事をすぐに書きたかったのですけど、刑務所の許可をもらわないと書けないのですよね。それがとても辛かったです。そして、出所してから青木さんと一緒にいろいろな所に行かせてもらいました。大崎事件の冤罪被害者である原口アヤ子さんに会いに、青木さんと一緒に鹿児島に行きました。青木さんには、本当にいろいろ支えてもらっており、とてもありがたい存在です。

永本　話はつきませんが、お時間が残念ながらなくなってまいりました。最後に鴨志田弁護士から、冤罪被害者同士の繋がりだけでなく、いろいろな形の支援が必要であるといったことも含めて、まとめの一言をお願いします。

鴨志田　冤罪被害者のご本人同士は、ほかの人たちにはわからないところでわかり合うことができるという強い絆があります。「自分はやっていません」とどれだけ言っても認めてもらえなかった、という同じ経験をした辛さを共感できる人がいる、ということがどれほど大きな意味をもつかということを、お二人の話を聞いていていつも思います。

この絆は冤罪被害者にとってかけがえのない心の支えになります。しかしながら、実際の救済が叶わなければ、単なる美談として終わってしまいます。単なる美談ではなくて、冤罪被害者をもっと早く救済できる世の中にならなければいけない、と私は思います。そのためにも最後は国を動かして法律を変えていかなければならないと思います。

今日のお二人の話を聞いて、皆さん、驚いたり感動したり印象に残ったりしたことがたくさんあると思います。どうかこのお話を皆様のご家族、お仲間や同僚といった多くの人の間で話題にしてください。そうすることで、冤罪被害者の方々の絆が本当の成果として花開いていくのではないかな、と思います。ぜひ皆さんに、そういうご協力をお願いしたいと思います。

永本　まず知ってもらうこと、そして周りの方々に伝えていただくこと、できることから皆様にお願いしたいと思います。青木さんと西山さんには、私たちが生きる勇気をいただいたような気がします。今日は徳島まではるばるお越しいただき、貴重な体験をお話しいただき、ありがとうございました。

日本弁護士連合会
「刑事再審に関する刑事訴訟法等改正意見書（要約版）」
（2023年2月17日）

＊刑事再審に関する刑事訴訟法等改正意見書の全文は〈https://www.nichibenren.or.jp/library/pdf/document/opinion/2023/230217.pdf〉よりご覧ください。右のQRコードからアクセスしてください。

【意見の趣旨】

再審手続に関する刑事訴訟法及び刑事訴訟法施行法の規定を速やかに改正すべきである。

【意見の理由】

第１　再審法改正の必要性と緊急性

１　はじめに―これまでの再審法改正の動きについて

当連合会では、1962年（昭和37年）に改正要綱を発表して以降、再審法改正の実現に向けて努力してきた。しかし、現行刑事訴訟法が施行されてから70年以上にわたり、再審法は一度も改正されていない。

２　再審法改正の必要性と緊急性

(1)　いわゆる「再審格差」

現行刑事訴訟法では、再審手続に関する規定は19か条しかないため、再審請求事件の審理の進め方は裁判所によって区々であり、いわゆる「再審格差」と呼ばれるような裁判所ごとの格差が目に見える形で現れている。

(2)　再審における証拠開示

現行刑事訴訟法には、再審における証拠開示について定めた明文の規定が存在せず、証拠開示の範囲等について裁判所によって大きな格差が生じているので、再審における証拠開示の法制化が急務である（2016年（平成28年）改正刑事訴訟法の附則第９条３項参照）。

(3)　再審開始決定に対する検察官の不服申立て

再審開始決定に対する検察官の不服申立てによって、えん罪被害者の早期救済が妨げられる事案が発生していることから、これを速やかに是正する必要性が高い。

(4)　再審請求手続の長期化と再審請求人の高齢化

えん罪被害者本人やその親族は相当の高齢となっていることから、速やかに再審法の改正が行われる必要がある。

第２　改正案の基本的な視点

1　白鳥・財田川決定の趣旨の明文化と再審請求の理由の拡大

白鳥・財田川決定の趣旨（新旧全証拠の総合評価と「疑わしいときは被告人の利益に」原則の適用）を明文化することとした。また、死刑の量刑を基礎付ける事実に誤認があることを理由とする再審（死刑の量刑再審）や、捜査や裁判の手続に憲法違反があることを理由とする再審（憲法違反を理由とする再審）を再審請求の理由に加えることとした。

2　裁判所の公正・適正な判断を担保する制度の整備

当該事件の過去の審理・判断に関与したことを除斥・忌避事由として明記することとした。

また、少なくとも重要な手続は公開して行うことを明記することとした。

3　再審請求人に対する手続保障を中心とする手続規定の整備

再審請求手続における再審請求人の主体的関与を可能にするための手続規定を整備するとともに、弁護人による実効的な援助を受ける権利を保障するために弁護人に関する規定も整備した。

4　再審における証拠開示制度の整備

再審における証拠開示制度を整備するとともに、その前提として記録及び証拠品の保管及び保存に関連する規定も整備した。

5　再審請求手続における検察官の役割の確認及び再審開始決定に対する検察官

の不服申立ての禁止

再審請求手続における検察官の関与は、職権主義のもとで手続の主導権を有する裁判所が適正な手続進行を図るために必要と認める限度においてのみ認められるべきものに過ぎないので、再審請求手続における検察官の役割を確認する規定を設けることとした。

また、再審開始決定に対する検察官の不服申立てが繰り返されることが深刻な問題となっていることから、これを禁止することとした。

6　刑の執行停止に関する規定の整備

刑の執行停止（死刑確定者に対する拘置の執行停止を含む。）に関する規定を整備することとした。

第３　改正案の要点とその理由（改正項目と参照条文・基本的視点のみ掲記した。）

1　再審の理由

⑴　再審開始要件（明白性）（改正案第435条第6号）（前記第２の１参照）

⑵　死刑の量刑再審（改正案第435条第８号）（前記第２の１参照）

⑶　憲法違反を理由とする再審（改正案第435条第９号）（前記第２の１参２照）

⑷　確定判決に代わる証明（改正案第437条（現行法第437条但書の削除））

2　裁判所

⑴　管轄裁判所（改正案第438条但書）

⑵　裁判官の除斥及び忌避（改正案第438条の２）（前記第２の２参照）

3　再審請求権者等

⑴　再審請求権者（改正案第439条第１項第４号及び第５号）

⑵　再審請求手続の受継（改正案第439条の２）

4　弁護人（前記第２の３参照）

⑴　国選弁護人（改正案第440条第２項ないし第８項）

⑵　接見交通権（改正案第440条第８項）

5　再審請求理由の明示と追加（改正案第441条の２）

6　再審請求の取下げ（改正案第443条第２項）

7　記録及び証拠品の保管及び保存（前記第２の４参照）

(1)　捜査に関する記録及び証拠目録の作成及び送付、書類及び証拠物の適正保管（改正案第196条の２ないし第196条の４、第246条）

(2)　裁判所不提出記録及び証拠品の保管及び保存（改正案第444条の２ないし第444条の４）

8　再審請求の審理手続（前記第２の２、３及び５参照）

(1)　再審請求手続期日（改正案第445条第１項、第445条の２第２項、第３項）

(2)　再審請求の理由の陳述（改正案第445条の６）

(3)　事実の取調べ（改正案第445条の７及び第445条の８）

(4)　意見の陳述（改正案第445条の14）

(5)　審理の終結及び決定日の告知（改正案第445条の15及び第445条の16）

9　証拠開示（前記第２の４参照）

(1)　再審請求手続外における証拠の閲覧謄写（改正案第444条の５）

(2)　再審請求手続における証拠開示（改正案第445条の９ないし第445条の13）

10　請求棄却の決定（改正案第447条第２項）

11　刑の執行停止（前記第２の６参照）

(1)　再審請求段階における刑の執行停止（改正案第442条）

(2)　再審開始決定に伴う刑の執行停止（改正案第448条第２項及び第３項）

12　不服申立て

(1)　再審開始決定に対する検察官の不服申立ての禁止（改正案第450条第１項及び第450条の３）（前記第２の５参照）

(2)　不服申立期間（改正案第450条）

(3)　即時抗告審の審理手続並びに再審開始決定に伴う刑及び拘置の執行停止（改正案第450条の２）

13　再審公判（改正案第451条の２）

14　再審請求の費用補償（改正案第188条の７及び第188条の８）

15　旧法事件についての異議の申立て（改正案（刑事訴訟法施行法）第３条の２）

台湾刑訴法の再審関連改正条文と日本の現行規定

台湾刑訴法 （2019年改正後）	日本刑訴法
420条　①再審の請求は、有罪の判決が確定した後、次のいずれかの場合において、判決を受けた者の利益のために、これをすることができる。 一　原判決の証拠となった証拠物が偽造又は変造されたものであることが証明されたとき。 二　原判決の証拠となった証言、鑑定又は通訳が虚偽であったことが証明されたとき。 三　有罪判決の言渡を受けた者が誣告されたことが証明されたとき。 四　原判決の証拠となった通常裁判所又は特別裁判所の裁判が確定判決により変更されたとき。 五　原判決又は前審判決に関与し、又は判決前に行われた調査に関与した裁判官、捜査又は起訴に関与した検察官、犯罪捜査に関与した検察事務官、司法警察官が、当該被告事件について職務に関する罪を犯したことが証明されたとき。又は、当該被告事件における違法や職務違反により懲戒処分を受けたことが、原判決に影響を与えるに足りるとき。 六　発見された新事実又は新証拠により、単独判断し、あるいは従前の証拠と総合判断することで、有罪判決を受けた者に対して無罪、免訴、刑の免除、又は原判決より軽い罪を認めるに足りるとき。 ②前項第1号から第3号まで及び第5号の事情の証明は、判決により確定し、又はその刑事訴訟の開始不能や続行不能が証拠がないことによるものでないときに限り、再審を請求することができる。 ③第1項第6号の新事実又は新証拠は、判決の確定前に存在し又は成立していた事実又は証拠であって未だ調査斟酌が及んでいないもの及び判決確定後に存在し又は成立した事実又は証拠をいう。	**435条**　再審の請求は、左の場合において、有罪の言渡をした確定判決に対して、その言渡を受けた者の利益のために、これをすることができる。 一　原判決の証拠となつた証拠書類又は証拠物が確定判決により偽造又は変造であつたことが証明されたとき。 二　原判決の証拠となつた証言、鑑定、通訳又は翻訳が確定判決により虚偽であつたことが証明されたとき。 三　有罪の言渡を受けた者を誣告した罪が確定判決により証明されたとき。但し、誣告により有罪の言渡を受けたときに限る。 四　原判決の証拠となつた裁判が確定裁判により変更されたとき。 五　特許権、実用新案権、意匠権又は商標権を害した罪により有罪の言渡をした事件について、その権利の無効の審決が確定したとき、又は無効の判決があつたとき。 六　有罪の言渡を受けた者に対して無罪若しくは免訴を言い渡し、刑の言渡を受けた者に対して刑の免除を言い渡し、又は原判決において認めた罪より軽い罪を認めるべき明らかな証拠をあらたに発見したとき。 七　原判決に関与した裁判官、原判決の証拠となつた証拠書類の作成に関与した裁判官又は原判決の証拠となつた書面を作成し若しくは供述をした検察官、検察事務官若しくは司法警察職員が被告事件について職務に関する罪を犯したことが確定判決により証明されたとき。但し、原判決をする前に裁判官、検察官、検察事務官又は司法警察職員に対して公訴の提起があつた場合には、原判決をした裁判所がその事実を知らなかつたときに限る。
429条　再審の請求は、再審請求書に理由を記載し、原判決の謄本及び証拠とともに、管轄裁判所に提出しなければならない。ただし、原判決の謄本を提出することができないことにつき、正当な理由があることを釈明したときは、裁判所に対して再審請求と同時に原判決の謄本を求めることができる。	**刑訴規則283条**　再審の請求をするには、その趣意書に原判決の謄本、証拠書類及び証拠物を添えてこれを管轄裁判所に差し出さなければならない。

台湾刑訴法 （2019年改正後）	日本刑訴法
429条-2　再審請求を受けた裁判所は、明らかに不必要な場合を除き、請求人及びその代理人に対し、裁判所に出頭するよう通知しなければならない。また、検察官及び判決を受けた者の意見を聴かなければならない。ただし、正当な理由なく裁判所に出頭せず、又は出頭しない旨を示した場合は、この限りでない。	（対応する規定なし）
429条-3　再審の請求にあたり、請求人は、その理由を釈明し、証拠調べを請求することができる。裁判所は、必要があると認めたときは、証拠調べを行わなければならない。裁判所は、再審請求の理由の有無を明らかにするために、職権で証拠を取り調べることができる。	**445条**　再審の請求を受けた裁判所は、必要があるときは、合議体の構成員に再審の請求の理由について、事実の取調をさせ、又は地方裁判所、家庭裁判所若しくは簡易裁判所の裁判官にこれを嘱託することができる。この場合には、受命裁判官及び受託裁判官は、裁判所又は裁判長と同一の権限を有する。
433条　裁判所は、再審の請求が法令上の方式に違反すると認めるときは、決定でこれを棄却しなければならない。ただし、法令上の方式違反が補正できる場合は、相当な期間を定めた上で補正するよう命じることができる。	**446条**　再審の請求が法令上の方式に違反し、又は請求権の消滅後にされたものであるときは、決定でこれを棄却しなければならない。
434条　①裁判所は、再審の請求が理由のないものと認めるときは、決定でこれを棄却しなければならない。 ②請求人又は決定を受けた者が決定に不服があるときは、決定が送達されてから10日以内に抗告することができる。 ③前項の決定があったときは、同一の理由によっては、更に再審の請求をすることはできない。 【訳者注】第3項は、改正前は第2項であった。第3項のうち「前項」という文言は、改正前の第2項が第1項を指す語であったが、改正後も修正されていない。つまり、第3項の「前項の決定」は、本来は「第1項の決定」を指すものである。	**447条**　再審の請求が理由のないときは、決定でこれを棄却しなければならない。 ②　前項の決定があつたときは、何人も、同一の理由によつては、更に再審の請求をすることはできない。 **450条**　第446条、第447条第1項、第448条第1項又は前条第1項の決定に対しては、即時抗告をすることができる。 【参考】 **422条**　即時抗告の提起期間は、3日とする。

＊この表は、台湾刑訴法の再審関連条文のうち、2015年および2019年に改正された箇所（改正部分に下線を付しています）と、これに対応する日本の現行刑訴法の規定を対照させたものです。
＊台湾刑訴法は、〈https://law.moj.gov.tw/LawClass/LawAll.aspx?pcode=C0010001〉掲載の条文を編著者が翻訳したものです。

本書で取り上げた重要事件一覧表

1. 本書で取り上げた再審事件

事件について				確定判決		
事件名		事件発生日	特記事項	判　決　日	判決裁判所	判決内容
1	吉田巌窟王事件	1913(T2).8.13	戦前の事件。共犯者の虚偽供述により首謀者として逮捕・起訴、一審は死刑、控訴審で無期懲役が確定。47年間、5度にわたる再審請求の末、共犯者の自白が虚偽であったとする新供述の信用性が認められ、再審開始、再審無罪確定。	1914(T3).7.31	名古屋控訴院	無期懲役
2	白鳥事件	1952(S27).1.21	新証拠の明白性判断の手法についてのリーディングケース。ただし、再審請求は棄却。	1960(S35).5.31	札幌高裁	懲役20年
3	免田事件(第六次)	1948(S23).12.29	地裁のした再審請求棄却決定を、福岡高裁が白鳥決定後に逆転再審開始。死刑事件で再審無罪が確定した初の事件。再審公判では検察官が無罪を争い、確定審段階での逃走経路を変えて有罪立証を行ったが、一審無罪で確定。	1950(S25).3.23	熊本地裁八代支部	死刑
4	財田川事件(第二次)	1950(S25).2.28	白鳥決定を敷衍した明白性判断の手法(後に「白鳥・財田川決定」と呼ばれる)により最高裁が再審請求棄却の地裁・高裁の決定を差し戻し後、再審開始、再審無罪が確定。請求人は2人目の死刑台からの生還者となった。	1952(S27).2.20	高松地裁丸亀支部	死刑
5	徳島事件(第六次)	1953(S28).11.5	第三者の虚偽証言で被害者の内妻であった請求人が犯人とされ有罪が確定。第五次再審請求中に請求人が死亡、現行刑訴法下における初の遺族による死後再審請求で開始決定、無罪確定。	1956(S31).4.18	徳島地裁	懲役13年
6	梅田事件(第二次)	1950(S25).10.10	共犯者の虚偽自白により逮捕された請求人も虚偽自白に追い込まれた事件。自白による犯行方法と遺体の状況が矛盾するとの法医学鑑定等を新証拠として再審開始、無罪確定。	1954(S29).7.7	釧路地裁網走支部	無期懲役
7	松山事件(第二次)	1955(S30).10.18	請求審の棄却決定を即時抗告審裁判所が差し戻し、差戻後の請求審で再審開始決定。検察官の即時抗告棄却で再審開始が確定し、その後無罪確定。請求人は3人目の死刑台からの生還者となった。	1957(S32).10.29	仙台地裁古川支部	死刑
8	島田事件(第四次)	1954(S29).3.10	請求審の棄却決定を即時抗告審裁判所が差し戻し、差戻後の請求審で再審開始、検察官の即時抗告棄却で再審開始が確定し、その後無罪確定。請求人は4人目の死刑台からの生還者となった。	1958(S33).5.23	静岡地裁	死刑
9	榎井村事件	1946(S21).8.21	裁判所が検察官から弁護人に秘して事件当時の捜査資料等の提出を受け、これをもとに請求人尋問を行っていた事実が判明し、弁護人が裁判官の忌避を申し立てる事態となった。	1948(S23).11.9	高松高裁	懲役15年

※記載順は原則として再審請求に対する決定が確定した日付順です。

再審請求				再審公判（すべて無罪確定）	
決定日 （請求審） （即時抗告審） （特別抗告審）	決定裁判所	開始………○ 棄却・取消…× 差戻………△	具体的経過	判決日	判決裁判所
1961 (S36).4.11	名古屋高裁	○	再審開始（確定）	1963 (S38).2.28	名古屋高裁
1969 (S44).6.13	札幌高裁	×	請求棄却		
1971 (S46).7.16	札幌高裁	×	異議申立棄却		
1975 (S50).5.20	最高裁	×	特別抗告棄却		
1976 (S51).4.30	熊本地裁 八代支部	×	請求棄却	1983 (S58).7.15	熊本地裁 八代支部
1979 (S54).9.27	福岡高裁	○	再審開始決定		
1980 (S55).12.11	最高裁	○	検察官の特別抗告を棄却		
1979 (S54).6.7	高松地裁	○	1976.10.12 最高裁差戻後	1984 (S59).3.12	高松地裁
1981 (S56).3.14	高松高裁	○	検察官の即時抗告を棄却		
1980 (S55).12.13	徳島地裁	○	再審開始	1985 (S60).7.9	徳島地裁
1983 (S58).3.12	高松高裁	○	検察官の即時抗告を棄却		
1982 (S57).12.20	釧路地裁 網走支部	○	再審開始	1986 (S61).8.27	釧路地裁
1985 (S60).2.4	札幌高裁	○	検察官の即時抗告を棄却		
1979 (S54).12.6	仙台地裁	○	1973.9.18 仙台高裁差戻後	1984 (S59).7.11	仙台地裁
1983 (S58).1.31	仙台高裁	○	検察官の即時抗告を棄却		
1986 (S61).5.29	静岡地裁	○	1983.5.23 東京高裁差戻後	1989 (H1).1.31	静岡地裁
1987 (S62).3.25	東京高裁	○	検察官の即時抗告を棄却		
1993 (H5).11.1	高松高裁	○	再審開始（確定）	1994 (H6).3.22	高松高裁

事件について				確定判決		
事件名		事件発生日	特記事項	判　決　日	判決裁判所	判決内容
10	布川事件（第一次）	1967 (S42).8.28	請求人らがそれぞれ取調べ段階で虚偽自白。否認に転じると拘置支所から再び代用監獄（留置場）に「逆送」され、再度虚偽自白。第一次再審ではその自白供述の信用性を認め、請求棄却。	1970 (S45).10.6	水戸地裁土浦支部	無期懲役
11	名張事件（第五次）	1961 (S36).3.28	一審無罪、控訴審死刑判決。第五次では、新証拠によってぶどう酒の栓に付けられた傷に関する旧証拠（歯痕鑑定）の証明力が大幅に減殺されても新旧証拠を総合評価すれば有罪認定は動かないとされ再審請求棄却。第六次では、新証拠として提出した事件当時の捜査官のノートについて、新証拠それ自体の証明力を否定し、新旧証拠を総合評価することなく再審請求棄却。	1969 (S44).9.10	名古屋高裁	死刑
12	名張事件（第六次）	1961 (S36).3.28		1969 (S44).9.10	名古屋高裁	死刑
13	日産サニー事件	1967 (S42).10.27	自白により凶器とされた果物ナイフと遺体の傷が矛盾するという法医学鑑定により再審が開始されたが、白鳥決定以後初めて、検察官の即時抗告により開始決定が取り消された。	1969 (S44).4.2	福島地裁いわき支部	無期懲役
14	大崎事件（第一次）	1979 (S54).10.12	請求人の自白はなく、知的障害をもつとされる男性3人の自白のみにより有罪が確定した事件。検察官の即時抗告によって請求審の再審開始決定が取り消された。	1980 (S55).3.31	鹿児島地裁	懲役10年
15	氷見事件	2002 (H14).1.14 2002 (H14).3.13	2件の強姦、強姦未遂事件について、元被告人が捜査段階で自白に追い込まれ、法廷でも自白を維持。控訴せず有罪が確定。服役後に真犯人が判明し、誤判であることが明らかになった。検察官申立てによる再審請求により再審開始・無罪確定。	2002 (H14).11.27	富山地裁高岡支部	懲役3年
16	袴田事件（第一次）	1966 (S41).6.30	後の第二次再審開始決定で捜査機関の捏造と認定された「5点の衣類」について、第一次再審では「記録を精査しても、証拠捏造等をうかがわせる事情は見当たらない」と判示していた。	1968 (S43).9.11	静岡地裁	死刑
17	足利事件	1990 (H2).5.21	請求人は公判段階の途中まで自白を維持していたが、再審請求((即時抗告審)で行われたDNA型再鑑定により、捜査段階で行われたDNA型鑑定の誤りと、請求人の虚偽自白が証明された。	1993 (H5).7.7	宇都宮地裁	無期懲役

再審請求				再審公判(すべて無罪確定)	
決定日 (請求審) (即時抗告審) (特別抗告審)	決定裁判所	開始………○ 棄却・取消…× 差戻………△	具体的経過	判決日	判決裁判所
1987 (S62).3.31	水戸地裁 土浦支部	×	請求棄却		
1988 (S63).2.22	東京高裁	×	即時抗告棄却		
1992 (H4).9.9	最高裁	×	特別抗告棄却		
1988 (S63).12.14	名古屋高裁	×	請求棄却		
1993 (H5).3.31	名古屋高裁	×	異議申立棄却		
1997 (H9).1.28	最高裁	×	特別抗告棄却		
1998 (H10).10.8	名古屋高裁	×	請求棄却		
1999 (H11).9.10	名古屋高裁	×	異議申立棄却		
2002 (H14).4.8	最高裁	×	特別抗告棄却		
1992 (H4).3.23	福島地裁 いわき支部	○	再審開始		
1995 (H7).5.10	仙台高裁	×	原決定取消再審請求棄却		
1999 (H11).3.9	最高裁	×	特別抗告棄却		
2002 (H14).3.26	鹿児島地裁	○	再審開始		
2004 (H16).12.9	福岡高裁 宮崎支部	×	原決定取消再審請求棄却		
2006 (H18).1.30	最高裁	×	特別抗告棄却		
2007 (H19).4.12	富山地裁 高岡支部	○	再審開始(確定)	2007 (H19).10.10	富山地裁 高岡支部
1994 (H6).8.8	静岡地裁	×	請求棄却		
2004 (H16).8.26	東京高裁	×	即時抗告棄却		
2008 (H20).3.24	最高裁	×	特別抗告棄却		
2008 (H20).2.13	宇都宮地裁	×	請求棄却	2010 (H22).3.26	宇都宮地裁
2009 (H21).6.23	東京高裁	○	再審開始決定(確定)		

事件について				確定判決		
	事件名	事件発生日	特記事項	判　決　日	判決裁判所	判決内容
18	布川事件 （第二次）	1967 (S42).8.28	20回以上にわたる証拠開示請求により、請求人ら以外の犯人の存在を示唆する証拠を捜査機関が隠していたことが判明。これらの「古い」新証拠を加えた総合評価で再審開始。検察官は即時抗告、特別抗告して争ったが再審開始、再審無罪が確定。	1970 (S45).10.6	水戸地裁 土浦支部	無期懲役
19	日野町事件 （第一次）	1984 (S59).12.28	請求審段階で、地裁の勧告により検察官が証拠の一覧表を提出。即時抗告中の2011年3月、請求人の阪原弘氏が獄中で死去したことで手続終了。	1995 (H7).6.30	大津地裁	無期懲役
20	東京電力 女性社員 殺人事件	1997 (H9).3.8	再審請求段階で行われた被害者の膣内容物のDNA型鑑定により、第三者が真犯人である可能性が明らかとなった後、被害者の胸に付着していた唾液の血液型が請求人と異なることを示す証拠も開示され、再審開始、再審無罪が確定。	2000 (H12).12.22	東京高裁	無期懲役
21	名張事件 （第七次）	1961 (S36).3.28	毒物鑑定を「明白な新証拠」と認めた再審開始決定が異議審で取り消されたが、同異議審決定の判断を「科学的知見に基づくものとは言えない」として、最高裁が破棄、差し戻すという異例の経過をたどった。差戻し後の異議審で再び請求棄却、特別抗告棄却により終結。その後請求人の奥西勝氏が死去し、現在は遺族による第十次再審の特別抗告審が最高裁に係属中。	1969 (S44).9.10	名古屋高裁	死刑
22	大崎事件 （第二次）	1979 (S54).10.12	請求審では証拠開示に向けた訴訟指揮がされず、「再審格差」問題が浮き彫りとなった。即時抗告審では再審史上初となる心理学者の鑑定人尋問が行われ、裁判所の証拠開示勧告により213点の証拠が開示された。	1980 (S55).3.31	鹿児島地裁	懲役10年
23	東住吉事件	1995 (H7).7.22	新証拠（弁護人の行った燃焼実験）により、請求人の自白どおりの方法による放火は不可能であることが明らかとなって再審開始決定。検察官が即時抗告したが、検察側の実験によっても上記結論は変わらず、再審開始が確定した。	朴龍晧氏 1999 (H11).3.30	大阪地裁	無期懲役
				青木惠子氏 1999 (H11).5.18	大阪地裁	無期懲役
24	大阪強姦 事件	2004 (H16).11.21 2008 (H20).4.14 2008 (H20).7頃	日本の再審史上初めて、裁判所が証拠の標目開示命令を行ったが、検察官がこれを拒否したまま再審開始、再審無罪が確定した。	2009 (H21).5.15	大阪地裁	懲役12年
25	ロシア人 おとり捜査 事件	1997 (H9).11.14	新証拠によって違法なおとり捜査が明らかとなり、これによって得られた証拠（拳銃）の証拠能力が否定されることから有罪を認定できない、との理由による再審開始決定。	1998 (H10).8.25	札幌地裁	懲役2年

再審請求				再審公判(すべて無罪確定)	
決定日 (請求審) (即時抗告審) (特別抗告審)	決定裁判所	開始………○ 棄却・取消…× 差戻………△	具体的経過	判決日	判決裁判所
2005 (H17).9.21	水戸地裁 土浦支部	○	再審開始	2011 (H23).5.24	水戸地裁 土浦支部
2008 (H20).7.14	東京高裁	○	検察官の即時抗告を棄却		
2009 (H21).12.14	最高裁	○	検察官の特別抗告を棄却		
2006 (H18).3.27	大津地裁	×	請求棄却		
2011 (H23).3.30	大阪高裁	×	即時抗告審終了決定		
2012 (H24).6.7	東京高裁	○	再審開始	2012 (H24).11.7	東京高裁
2012 (H24)7.31	東京高裁	○	検察官の異議申立棄却(開始決定確定)		
2005 (H17).4.5	名古屋高裁	○	再審開始		
2006 (H18).12.26	名古屋高裁	×	原決定取消再審請求棄却		
2010 (H22).4.5	最高裁	△	原決定破棄差戻		
2012 (H24).5.25	名古屋高裁	×	原決定取消再審請求棄却		
2013 (H25).10.16	最高裁	×	(第二次)特別抗告棄却		
2013 (H25).3.6	鹿児島地裁	×	請求棄却		
2014 (H26).7.15	福岡高裁 宮崎支部	×	即時抗告棄却		
2015 (H27).2.2	最高裁	×	特別抗告棄却		
2012 (H24).3.7	大阪地裁	○	再審開始	2016 (H28).8.10	大阪地裁
2015 (H27).10.23	大阪高裁	○	検察官の即時抗告棄却(開始決定確定)		
2015 (H27).2.27	大阪地裁	○	再審開始(確定)	2015 (H27).10.16	大阪地裁
2016 (H28).3.3	札幌地裁	○	再審開始	2017 (H29).3.7	札幌地裁
2016 (H28).10.26	札幌高裁	○	検察官の即時抗告棄却(再審開始確定)		

事件について				確定判決		
	事件名	事件発生日	特記事項	判決日	判決裁判所	判決内容
26	松橋事件	1985 (S60).1.6	検察庁に保管されていた、請求人の自白と大きく矛盾する証拠物が、弁護人の求めにより再審請求前に任意開示され、これが「明白な新証拠」の一つと認められた。再審開始決定に対し、検察官は即時抗告、特別抗告して争ったが、再審開始が確定、請求人の存命中に再審無罪となった。	1986 (S61).12.22	熊本地裁	懲役13年
27	湖東事件 (第二次)	2003 (H15).5.22	人工呼吸器を装着された重篤な入院患者の病死が供述弱者の自白により殺人事件に仕立て上げられた事件。再審公判段階で警察から検察に送致していなかった証拠が開示されるという事態に再審無罪判決後の説諭で裁判長が批判。	2005 (H17).11.29	大津地裁	懲役12年
28	大崎事件 (第三次)	1979 (S54).10.12	請求審では供述心理鑑定が「明白な新証拠」と認められ再審開始、即時抗告審では法医学鑑定に高い証明力を認め再審開始維持。しかし、最高裁が日本の再審史上初めて、地裁・高裁のした再審開始決定を取り消し、自判して再審請求を棄却。	1980 (S55).3.31	鹿児島地裁	懲役10年
29	飯塚事件 (第一次)	1992 (H4).2.20	足利事件の原鑑定と同じDNA鑑定が決め手となって有罪が確定。足利事件再審で再鑑定を行うことが決まった直後に、本件の被告人の死刑が執行された。2022.7.9第二次再審を申立て。	1999 (H11).9.29	福岡地裁	死刑
30	日野町事件 (第二次)	1984 (S59).12.28	元被告人の阪原弘氏が死去したことによる第一次再審の終了後、遺族が第二次再審を申立て。請求審で警察から未開示のネガフィルムが開示されたことを契機として、地裁、高裁で再審開始が認められたが、検察官の特別抗告により現在最高裁で審理中。	1995 (H7).6.30	大津地裁	無期懲役
31	天竜 林業高校 事件	2006 (H18).9～ 2007 (H19).12	高校の校長が生徒の成績を改ざんさせた見返りに、生徒の祖父(元市長)から賄賂を得たとされた贈収賄事件。収賄側(本件)の再審請求審で「不存在」とされた証拠が、遅れて再審請求を行った贈賄側の事件で開示され、収賄側の事件(特別抗告審)で検察官が謝罪するという事態となったが再審請求棄却で確定。現在第二次再審請求準備中(贈賄側の事件は即時抗告審が東京高裁に係属中)。	2013 (H25).11.27	静岡地裁 浜松支部	懲役2年6月 執行猶予4年 (罰金20万円)
32	袴田事件 (第二次)	1966 (S41).6.30	請求審ではDNA型鑑定と開示証拠との総合評価により再審開始決定がされ、同時に刑の執行及び拘置の執行が停止された。即時抗告審の東京高裁が再審開始を取消したが、請求人の特別抗告を受けた最高裁第三小法廷は即時抗告審の決定を取り消し、審理を東京高裁に差し戻した。差戻し後即時抗告審で再審開始が確定。	1968 (S43).9.11	静岡地裁	死刑
33	大崎事件 (第四次)	1979 (S54).10.12	被害者の死亡時期を明らかにする救命救急医の医学鑑定と、2種類の供述鑑定を新証拠とする4度目の再審請求。現在最高裁に特別抗告審が係属中。	1980 (S55).3.31	鹿児島地裁	懲役10年

再審請求				再審公判（すべて無罪確定）	
決定日 （請求審） （即時抗告審） （特別抗告審）	決定裁判所	開始………○ 棄却・取消…× 差戻………△	具体的経過	判決日	判決裁判所
2016 (H28).6.30	熊本地裁	○	再審開始	2019 (H31).3.28	熊本地裁
2017 (H29).11.29	福岡高裁	○	検察官の即時抗告棄却		
2018 (H30).10.10	最高裁	○	検察官の特別抗告棄却		
2015 (H27).9.30	大津地裁	×	請求棄却	2020 (R2).3.31	大津地裁
2017 (H29).12.20	大阪高裁	○	原決定取消再審開始		
2019 (H31).3.18	最高裁	○	検察官の特別抗告棄却		
2017 (H29).6.28	鹿児島地裁	○	再審開始		
2018 (H30).3.12	福岡高裁 宮崎支部	○	即時抗告棄却		
2019 (R1).6.25	最高裁	×	原決定取消再審請求棄却		
2014 (H26).3.31	福岡地裁	×	請求棄却		
2018 (H30).2.6	福岡高裁	×	即時抗告棄却		
2021 (R3).4.21	最高裁	×	特別抗告棄却		
2018 (H30).7.11	大津地裁	○	再審開始		
2023 (R5).2.27	大阪高裁	○	検察官の即時抗告棄却		
2016 (H28).10.25	静岡地裁 浜松支部	×	請求棄却		
2021 (R3).3.31	東京高裁	×	即時抗告棄却		
2023 (R5).3.6	最高裁	×	特別抗告棄却		
2014 (H26).3.27	静岡地裁	○	再審開始		
2018 (H30).6.11	東京高裁	×	原決定取消再審請求棄却		
2020 (R2).12.22	最高裁	△	原決定破棄差戻		
2023 (R5).3.13	東京高裁	○	検察官の即時抗告棄却（開始決定確定）		
2022 (R4).6.22	鹿児島地裁	×	請求棄却		
2023 (R5).6.5	福岡高裁 宮崎支部	×	即時抗告棄却		

2. 本書の「冤罪」の定義に当てはまらない重要事件

＊以下の事件は、起訴されていなかったり通常手続で無罪判決に至った事件であり、再審手続に至っていません。
そのため、事件が起こったり捜査が行われた順に並べています。

事件について			
事件名		事件発生又は捜査実施時期	事件の概要など
1	松本サリン事件	1994(H6).6.27	オウム真理教関係者が、長野県松本市内の裁判官宿舎に向けてサリンを散布し、近隣住民を死傷させた事件。警察は第一通報者に疑いを向け、マスコミも大々的に犯人視報道を行った。その後、オウム真理教の犯行であったことが判明した。
2	平野母子殺害事件	2002(H14).4.14	女性とその子どもが殺害され、被害女性の夫の母親の再婚相手が殺人・放火の疑いで起訴された事件。第一審で無期懲役判決→控訴審で死刑判決の後、最高裁が審理不尽・事実誤認の疑いで審理を第一審に差し戻した。その後、重要な証拠とされたタバコを警察がほとんど紛失していたことが分かり、DNA型再鑑定などが困難となった。被告人の有罪を指し示す証拠は乏しく、差戻し後の第一審判決は無罪判決を言い渡した。第二次控訴審は検察の控訴を棄却し、被告人の無罪が確定した。
3	志布志事件	事件なし (2003(H15).2～4に捜査実施)	存在しない公職選挙法違反が作り出され、13名が起訴された事件。捜査過程で、踏み字などの自白強要が行われた。通常第一審で無罪判決に至った。
4	引野口事件	2004(H16).3.24	被害男性の妹が、実兄を殺害したという殺人・放火などの疑いで起訴された事件。否認を続ける被疑者に対して別件逮捕を繰り返した上、留置場の同房者との会話を聴き出して、この同房者証言を主たる証拠としたことが問題視された。第一審判決は、同房者の証言に虚偽の可能性が残るとして無罪判決を言い渡すとともに、警察の捜査手法を批判した。
5	郵便不正事件	2004(H16).5～6	障害者団体向け郵便割引制度を悪用するために、障害者団体であることの証明書作成を指示したという疑いで、厚労省元局長が虚偽公文書作成・同行使で起訴された事件。第一審判決は、被告人が郵便制度の悪用に無関係であるとして無罪を言い渡した。この事件では、長期間の身体拘束や自白追及が問題とされた。その後、捜査に携わった大阪地検特捜部の検察官が証拠を改ざんしたり、改ざんを知った特捜部長や副部長がそれを隠蔽したことが判明し、それぞれ証拠隠滅や犯人隠匿で有罪判決を受けた。
6	PC遠隔操作事件	2012(H24).7～2013(H25).2	インターネット掲示板を介して複数人のパソコンを遠隔操作するウィルスに感染させ、殺害予告などが行われた事件。当初は関連性のない別々の殺害予告・爆破予告と考えられ、4名がそれぞれ逮捕された。4名のうち、AとCは自白していた。CやDは、捜査の過程でパソコンが遠隔操作ウィルスに感染していることが分かり、釈放された後に嫌疑なしで不起訴となった。しかし、未成年であったAは既に少年審判が行われており、保護観察処分が決定していた。Bは既に起訴されおり、後に公訴が取り消された。一連の過程で、真犯人が犯行声明を公表したことなどもあり、社会の耳目を集めた。

編著者略歴

安部祥太（あべ・しょうた）

執筆 Part1、Part2「再審制度」「再審制度の問題点」、Part3「韓国の再審制度」

1987年東京都生まれ。関西学院大学法学部准教授、博士（法学）。専門は、刑事訴訟法、刑事政策、韓国刑事法。誤判・冤罪や再審手続と関連して、日本弁護士連合会再審法改正実現本部外部研究者委員、龍谷大学刑事司法・誤判救済研究センター客員研究員、「イノセンス・プロジェクト・ジャパン」メンバーを務める。関連業績に、「韓国における検察改革と再審事件の検証」法学セミナー775号（2019年）7頁以下、「再審開始決定に対する検察官抗告に関する予備的検討」青山法学論集61巻2号（2019年）53頁以下、「韓国における検察官の誤判・冤罪に対する姿勢」季刊刑事弁護103号（2020年）79頁以下、日本弁護士連合会人権擁護委員会編『21世紀の再審』（日本評論社、2021年）336頁以下など。

鴨志田祐美（かもしだ・ゆみ）

執筆 小説「えんざい」、Part2「実際に起こった問題」、Part3「台湾と韓国から日本が学ぶべきこと」

1962年生まれ。神奈川県出身。早稲田大学法学部卒業後、会社員、主婦（母親）、予備校講師を経て、2002年、40歳で司法試験合格。2004年鹿児島県弁護士会に登録。2021年4月より京都弁護士会に移籍し、Kollect京都法律事務所に所属。大崎事件再審弁護団事務局長、日本弁護士連合会再審法改正実現本部本部長代行として、再審弁護と再審法改正運動に心血を注ぐ。著書として、『隠された証拠が冤罪を晴らす――再審における証拠開示の法制化に向けて』（共編著、現代人文社、2018年）、『大崎事件と私――アヤ子と祐美の40年』（LABO、2021年）など。

李 怡修（リー・イシュウ）

執筆 Part3「台湾の再審制度」

台湾出身、台北大学財経法学部卒業後来日、2019年一橋大学法学博士取得。同大学院法学研究科特任講師、龍谷大学犯罪学研究センター嘱託研究員を経て、現在龍谷大学刑事司法・誤判救済研究センター嘱託研究員。研究テーマは再審と証拠開示。研究の他、翻訳、通訳も兼業。2017年に、碓井真史『誰でもいいから殺したかった！』（ベストセラーズ、2008年）の中国語版『誰都可以就是想殺人！』（時報出版）出版。2023年共訳で浜田寿美男『虚偽自白を読み解く』（岩波書店、2018年）中国語版出版予定。また、日本と台湾の架け橋をミッションに、2021年株式会社ジニーを設立。刑事司法だけでなく、日本と台湾との交流を念頭に活動している。

見直そう！再審のルール

この国が冤罪と向き合うために

2023年７月31日　第１版第１刷発行

編著者　安部祥太・鴨志田祐美・李 怡修

発行人　成澤壽信

編集人　齋藤拓哉

発行所　株式会社　現代人文社

160-0004　東京都新宿区四谷2-10八ッ橋ビル７階

Tel：03-5379-0307　Fax：03-5379-5388

E-mai：henshu@genjin.jp（編集） hanbai@genjin.jp（販売）

Web：www.genjin.jp

発売所　株式会社　大学図書

印刷所　株式会社　シナノ書籍印刷

ブックデザイン　渡邉雄哉（LIKE A DESIGN）

検印省略 Printed in Japan

ISBN 978-4-87798-842-5 C3032